国家出版基金项目
NATIONAL PUBLICATION FOUNDATION

瓜飯樓叢稿

馮其庸文集

卷十六

瓜飯樓詩詞草

青島出版社

圖書在版編目(CIP)數據

馮其庸文集. 第16卷, 瓜飯樓詩詞草/馮其庸著.
—青島: 青島出版社, 2011.1
(瓜飯樓叢稿)
ISBN 978-7-5436-6791-4

Ⅰ. ①馮… Ⅱ. ①馮… Ⅲ. ①馮其庸—文集 ②詩詞—作品集—中國—當代 Ⅳ. ①C53 ②I227

中國版本圖書館CIP數據核字(2010)第244938號

責任編輯 劉 詠 董建國
責任校對 孫熙春 高海英

石饭楼诗词草

宽堂

圖版目録

一　錢仲聯師贈詞
二　錢仲聯師題梅村墓詞
三　虞逸夫先生贈詩
四　虞逸夫先生和詩
五　虞逸夫先生詩柬
六　作者自美講學歸來，徐定戡先生題詞爲賀
七　作者自前蘇聯鑒定《石頭記》鈔本并達成兩國聯合出書協議歸來，徐定戡先生填詞爲賀
八　作者《浣溪沙·詠梅》詞
九　作者采石磯懷太白詞
一〇　作者題《紅樓夢》詩答友人

飛天神女何來明璫翠羽全身寶東流不盡一江
春水較才多少红学专門画禅南北慧珠高照
看鵬图九萬風斯在下有斥鷃供君笑　昆
閬早曾插脚下天山氣吞圓嶠碧霄下顧
苔痕簾室幾人来到把拍儒玄步君趨尚
聆君清教望所向诗城蹴踏踢千夫倒
水龍吟　敬贈
其庸学人　兩正
壬午夏錢仲聯 时年九十五

一、錢仲聯師贈詞

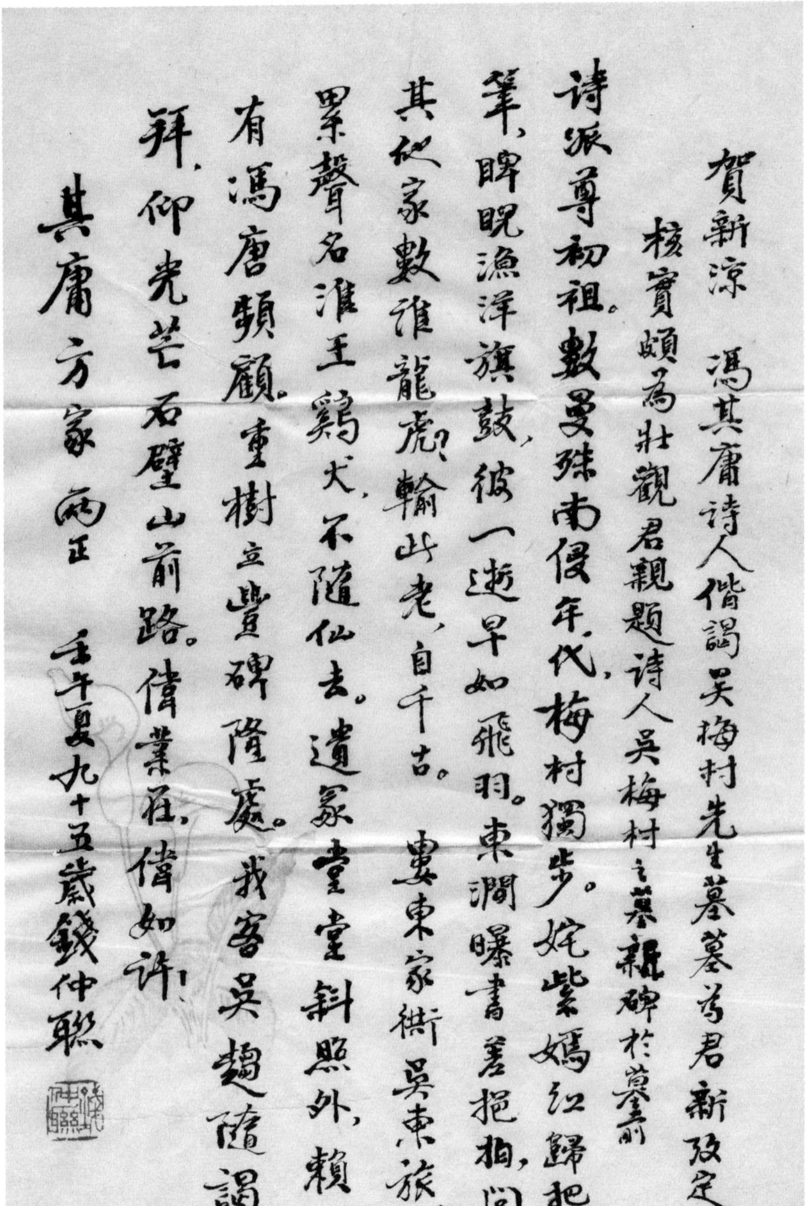

賀新涼　馮其庸詩人偕謁吳梅村先生墓 墓爲君新改定
核實頌爲壯觀君親題詩人吳梅村之墓親碑於墓前
詩派尊初祖。數曼殊南侵年代，梅村獨步。姹紫嫣紅歸把
筆，睥睨漁洋旗鼓，彼一逝早如飛羽。東澗曝書羞把柏，問
其他家數誰龍虎？輸此老，自千古。婁東家衖吳東旅，
累聲名淮王雞犬，不隨仙去。遺冢荒堂斜照外，賴
有馮唐頻顧。重樹立豐碑隆處。我客吳趨隨謁
拜，仰光芒石壁山前路。偉業在，偉如許！
其庸方家兩正　壬午夏九十五歲錢仲聯

二、錢仲聯師題梅村墓詞

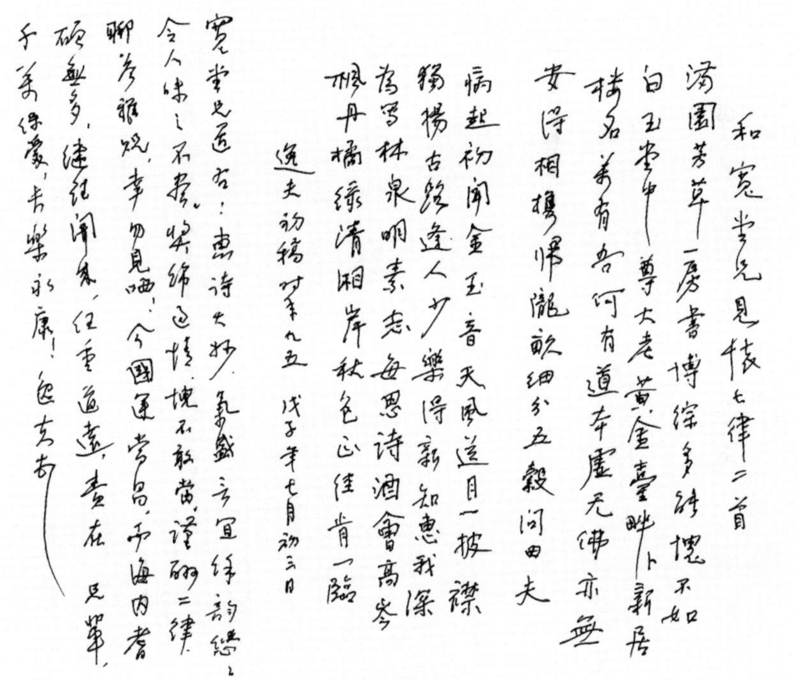
和寬堂兄見懷七律二首

濟園芳草一房書，博綜多能愧不如。白玉堂中尊大老，黃金臺畔卜新居。樓名弟有吾何有，道本虛无佛亦無。安得相攜歸隴畝，細分五穀問田夫。

病起初聞金玉音，天風送月一披襟。獨揚古鐸逢人少，樂得新知惠我深。為寫林泉明素志，每思詩酒會高岑。楓丹橘綠清湘岸，秋色正佳肯一臨。

逸夫初稿 時年九五 戊子年七月初三日

寬堂兄道右：惠詩大妙，氣盛言宜，餘韻戀戀，令人味之不盡。纏綿遠情，愧不敢當，謹酬二律，聊為報貺，幸勿見哂！今國運當昌，而海內耆碩無多，繼往開來，任重道遠，責在足下輩。千萬保愛，共樂永康！逸夫上

三、虞逸夫先生贈詩

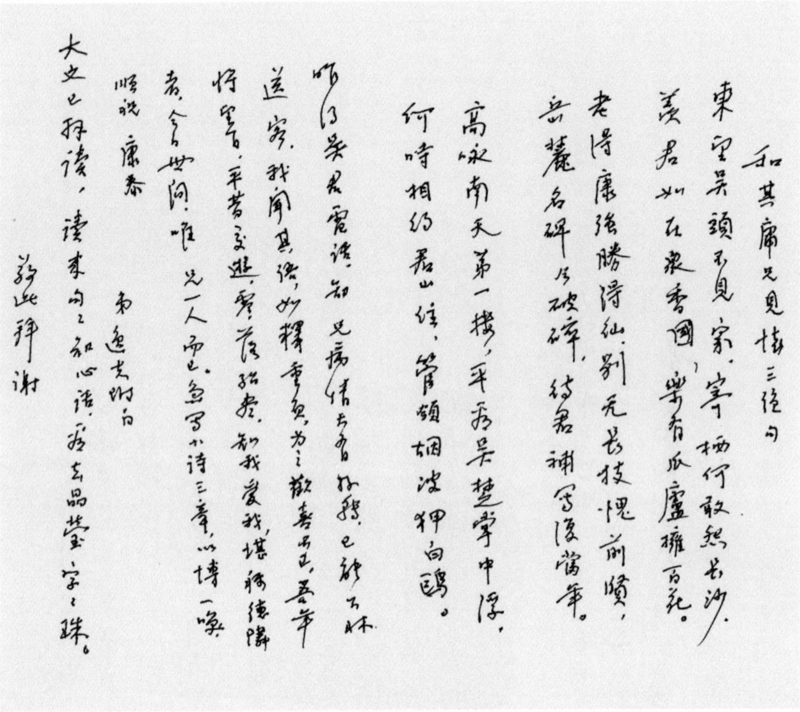
和其庸兄見懷三絕句

東望吳頭不見家，寄栖何敢怨長沙。
羨君如在衆香國，樂看瓜廬擁百花。

老得康強勝得仙，劉元長技愧前賢。
岳麓名碑今破碎，待君補寫復當年。

高詠南天第一樓，平分吳楚掌中浮。
何時相約君山住，管領烟波狎白鷗。

昨得吳君電話，知兄病情大有好轉，已離□□送家。我聞甚喜，如釋重負，為之歡喜者久之。吾年將望八，平昔交遊零落殆盡，知我愛我堪稱德鄰者，今世間唯兄一人而已。急寫小詩三章，以博一粲。順頌康泰

弟逸夫拜白

大文已拜讀，讀來句句知心語，我當去晶瑩字字珠。謹此拜謝

四、虞逸夫先生和詩

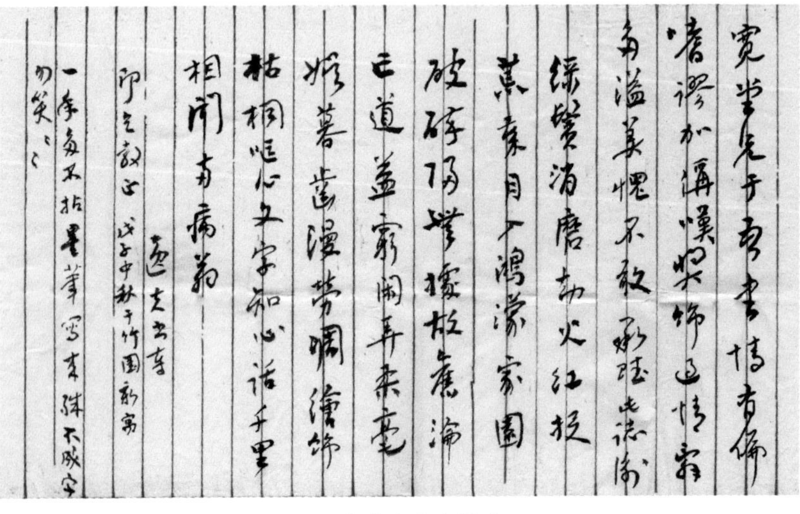
寬堂先生惠書情有偏
嗜，謬加稱譽，媿無以為情，
角溢美愧不敢，聊述所懷

綠螘消磨劫火紅，拔
蒹葭目斷鴻濛，家園
破碎仍縈懷，故鹿論
正道，益窮閑弄柔毫。
暮歲漫勞稱讚飾，
枯桐唯有字知心話千里
相聞有病翁。

逸夫未定草

印兄教正 戊子中秋于竹園新寓

一手多不拈墨筆，寫來殊不成字
勿笑之

五、虞逸夫先生詩柬

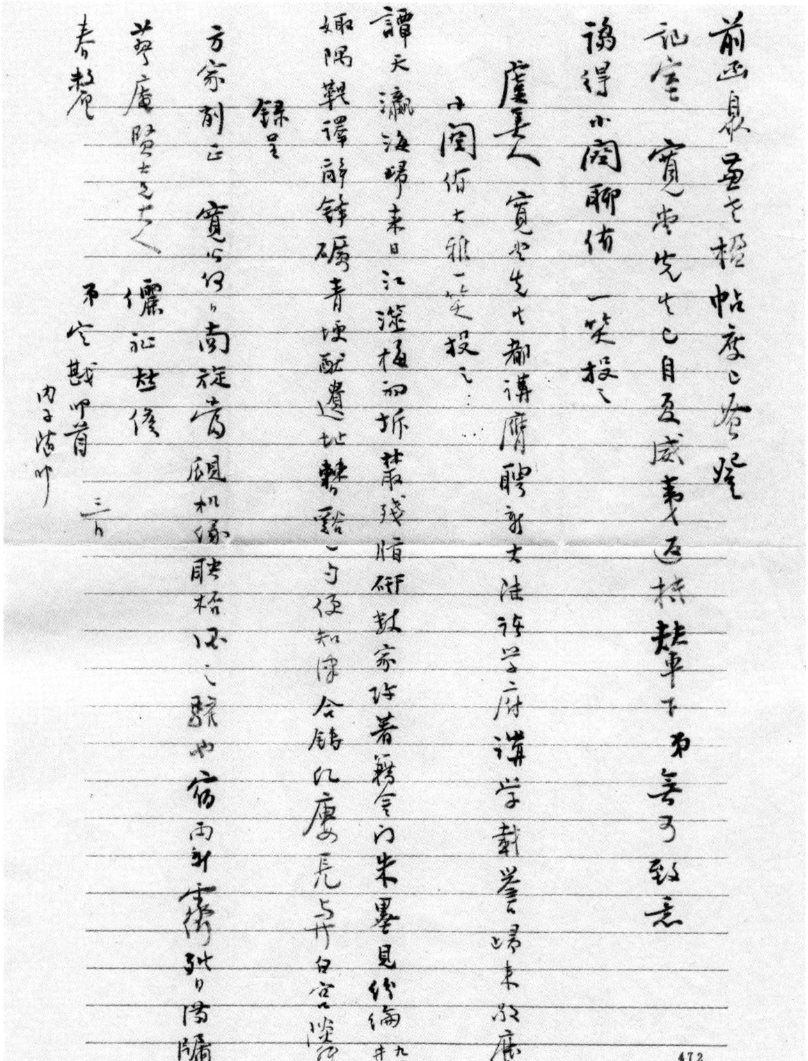

六、作者自美講學歸來，徐定戡先生題詞爲賀

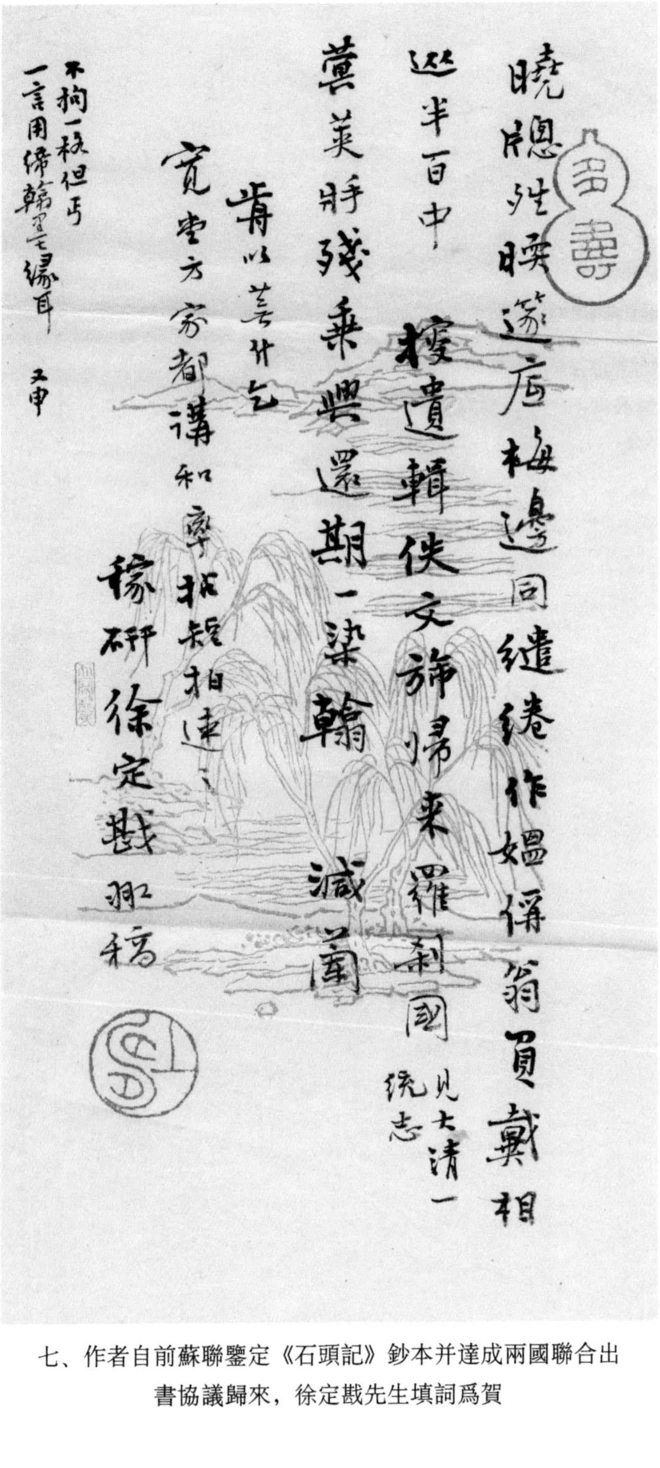

七、作者自前蘇聯鑒定《石頭記》鈔本并達成兩國聯合出書協議歸來，徐定戡先生填詞爲賀

浣溪沙

　詠梅

一別孤山五十年水色林下玉人攀
當時月色可人憐夢寒披
針黹疲勞镫前相看又妍妍
分明春已到眉尖

覺公白深

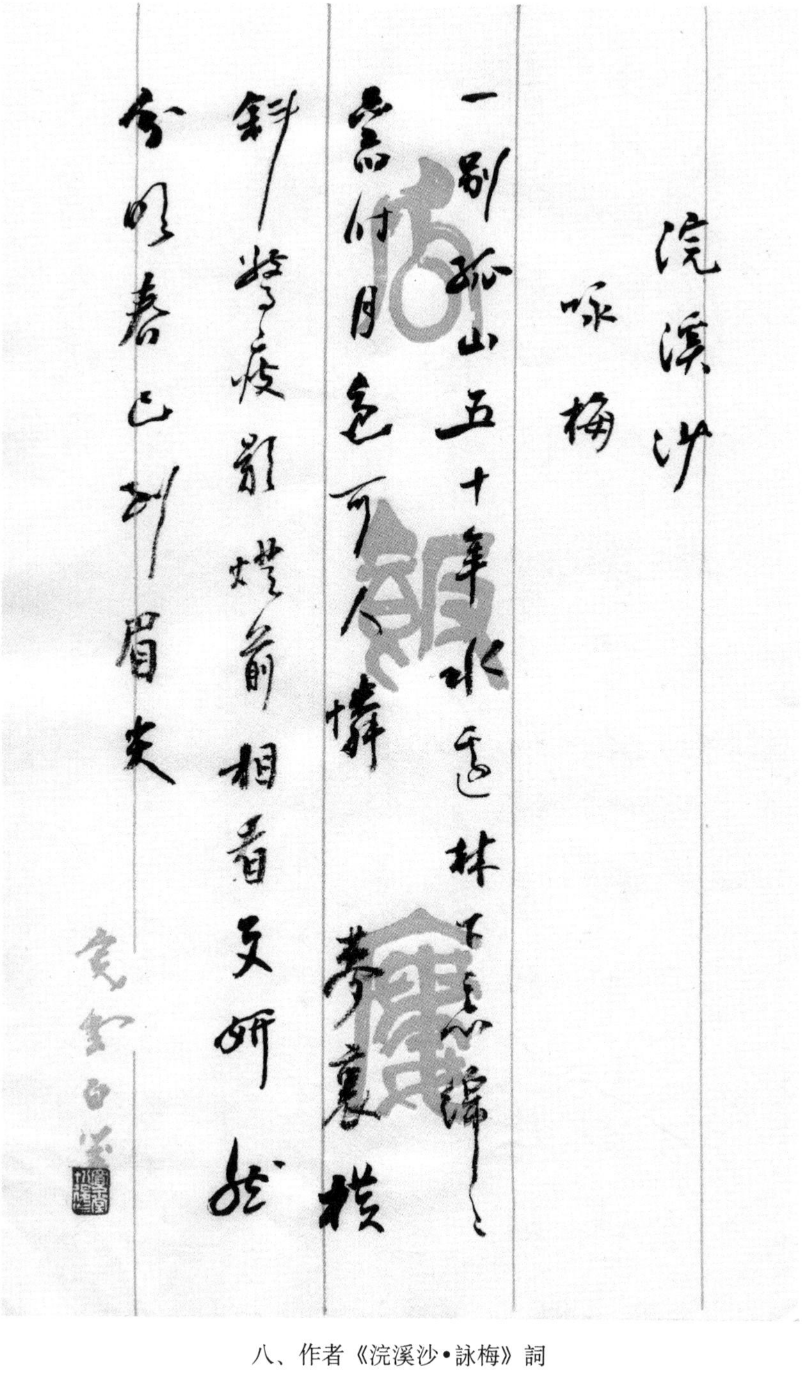

八、作者《浣溪沙·詠梅》詞

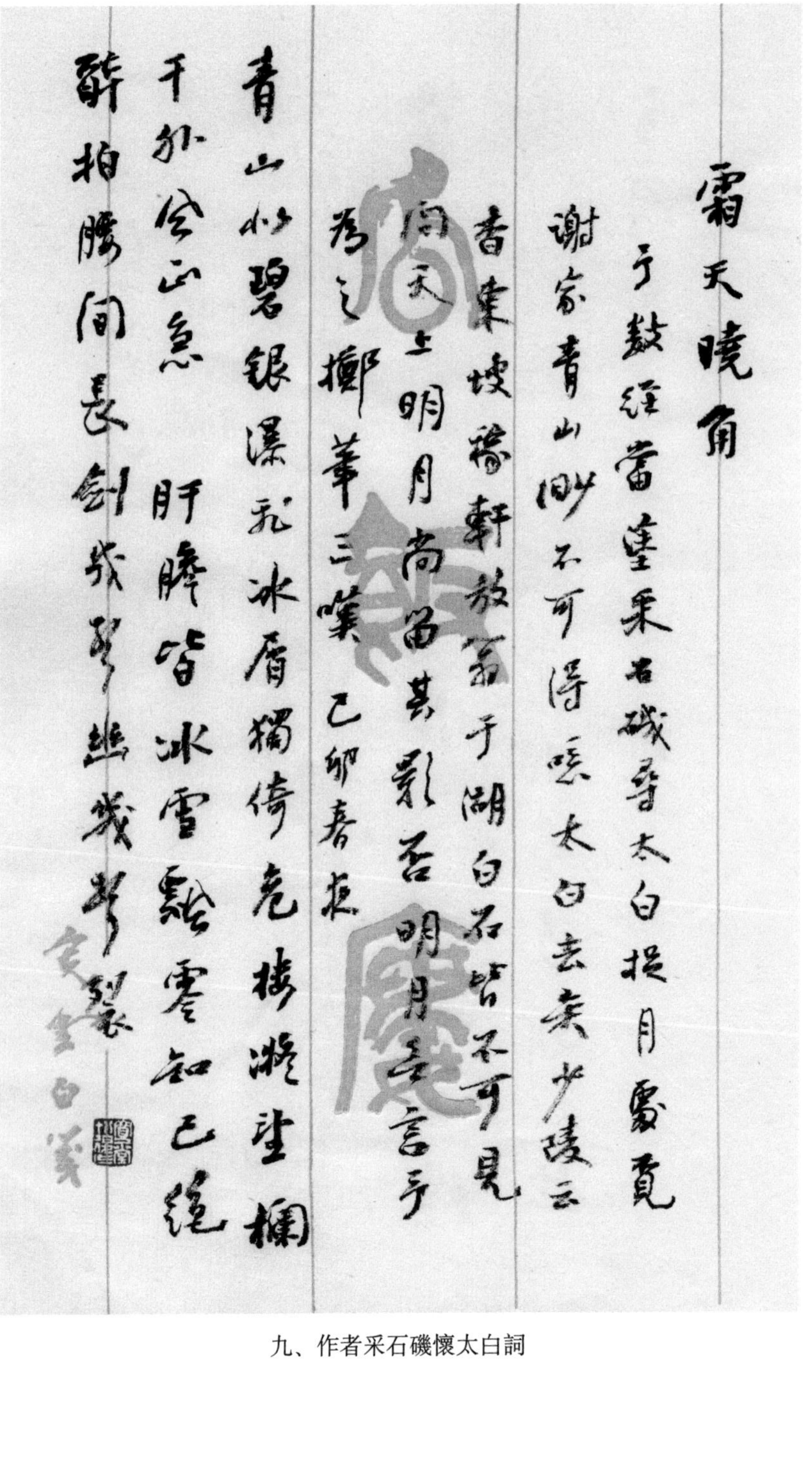
霜天曉角
予數經當塗采石磯尋太白捉月處覓謝家青山渺不可得嗟太白去矣少陵云
青蓮坡酹軒放翁于湖白石皆不可見
而天上明月尚留其影者明月豈言乎
為之擲筆三嘆 乙卯春夜
青山渺碧銀漢飛冰屑獨倚危樓凝望欄
干外公正急 肝膽皆冰雪點零知已絕
醉拍腰間長劍歎聲絕幾聲裂

九、作者采石磯懷太白詞

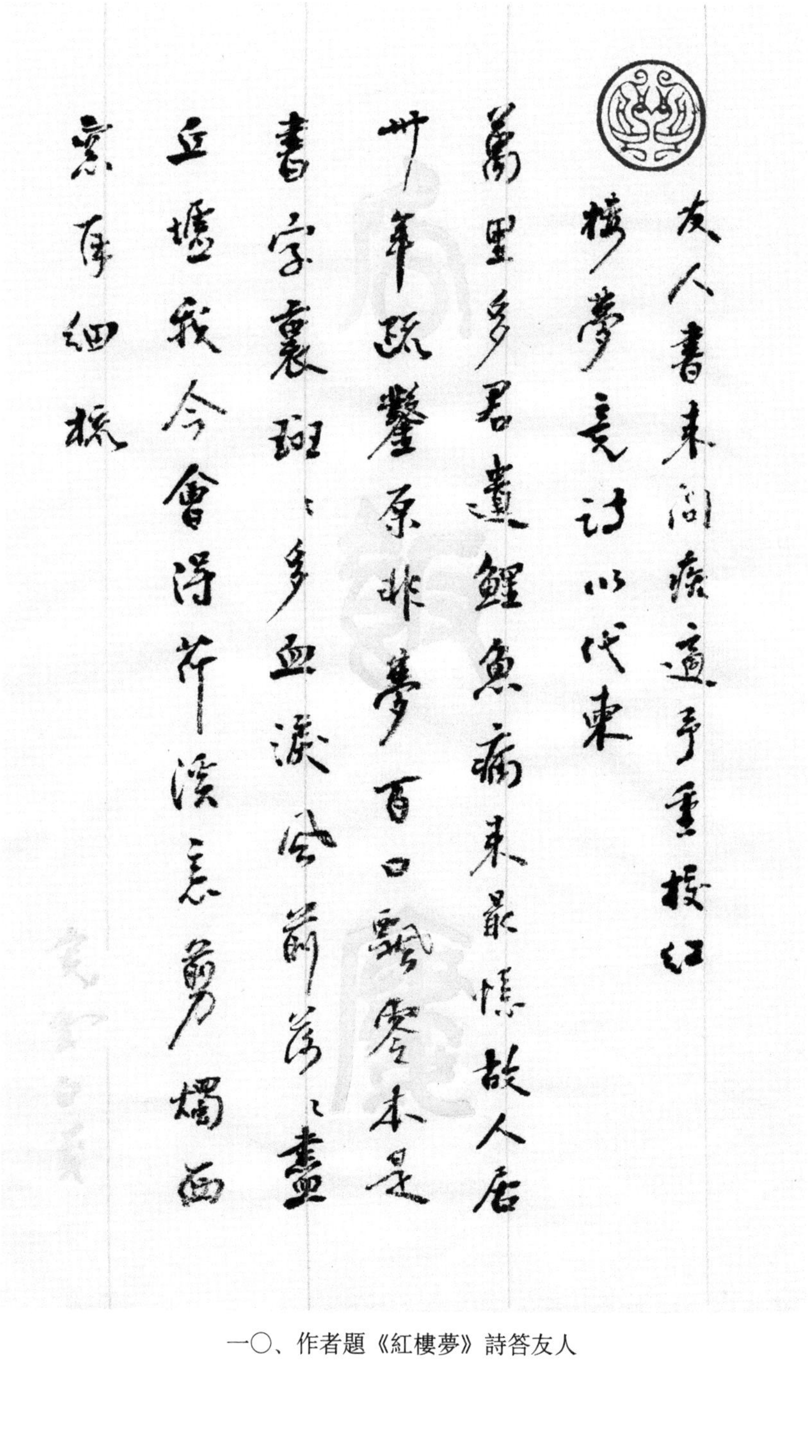

友人書來問疾適予重校紅樓夢竟詩以代柬

萬里多君遣鯉魚，病來最憶故人居。卅年蹤跡原非夢，百口飄零本是書。字裏斑斑多血淚，卷[?]前落落盡丘墟。我今會得芹溪意，剪燭西窗再細梳。

一〇、作者題《紅樓夢》詩答友人

目錄

自序……一

瓜飯樓詩草

一九四三年（癸未）

呈湖山詩社張、諸二公……一

一九四七年（丁亥）

一九四七年春節後數日，前洲鎮東南數里，送別張熙瑾學兄……二

一九四九年（己丑）

題電影《清宮秘史》……二

一九五四年（甲午）

休將……三

一別……三

一九五七年（丁酉）

白石老人歌……四

得無錫沈紹祖兄來書問平安，詩以答之……四

一九六四年（甲辰）

登終南山送燈臺 …… 五

一九六五年（乙巳）

三秋 …… 五

馬河灘 …… 六

感事 …… 六

一九六六年（丙午）

感事 …… 七

感事寄古津 …… 七

哭朱君 …… 七

一九七〇年（庚戌）

三月一日，余自京來江西幹校，行前京中嚴寒，大雪盈尺，四望皆白。車過長江，則見薺麥青青，春在谿頭矣。車入江西，更見碧桃含苞，垂柳搖金，已是春滿谿山，喜而賦此 …… 八

雨中過渡頭吳家 …… 九

即事 …… 九

初到貴谿 …… 九

五湖贈醫人巫君玉兄 …… 一〇

余江答嚴古津並示乙蒼侄 …… 一〇

梁谿訪舊友汪海若不遇 …… 一〇

一九七一年（辛亥）

慶祝偉大的中國共產黨誕生五十周年 …… 一一

余江幹校即事 …… 一一

自余江歸過無錫再至濱海訪汪海若 …… 一二

一九七二年（壬子）

北京寄汪海若 …… 一二

一九七三年（癸丑）

題汪海若畫墨牡丹……………………………一三
題畫……………………………………………一三
題自畫葡萄……………………………………一四
附古津寄來題畫葡萄詩…………嚴古津　一四
一九七四年（甲寅）
香山訪曹雪芹遺址……………………………一五
古津贈詩　三首……………………嚴古津　一六
夏承燾先生贈詩……………………夏承燾　一六
蘇局仙老人贈詩……………………蘇局仙　一七
一九七五年（乙卯）
題倪小迂先生畫峨嵋寫生冊　四首…………一七
惠山與小迂先生茗話留別……………………一八
哭古津…………………………………………一九
一九七六年（丙辰）
哭周總理………………………………………二〇
丙辰新正十三日，初得快雪，其庸同志再過寒齋，賦律句奉贈………………周汝昌　二〇
悼古津…………………………………………二一
屺瞻老人蘭石歌………………………………二一
一九七九年（己未）
贈海上蘇局仙老人……………………………二二
悼念邵荃麟同志………………………………二三
一九八〇年（庚申）
贈頓立夫………………………………………二三
參加美國威斯康辛大學《紅樓夢》國際學術研討會，歸程機中口占…………二四
題京劇《李慧娘》……………………………二四
一九八一年（辛酉）

題《竹林聽泉圖》…………………………二五
題《山行圖》…………………………二五
題《秋山圖》…………………………二六
題《華嶽圖》…………………………二六
題《灕江山水》…………………………二六
題蘇東天畫墨竹長卷…………………………二七
題周懷民先生作北戴河山水…………………………二七
題周懷老畫老龍頭…………………………二八
贈趙榮琛…………………………二八
一九八二年（壬戌）
題老友陳從周畫蘭，上有百七老人蘇局仙題句…………………………二九
尋夢…………………………二九
黄山題劉海老畫…………………………三〇
黄山歌…………………………三〇
題花果山…………………………三四
一九八三年（癸亥）
鄧尉訪吳梅村墓未得…………………………三四
鄧尉高家前訪得梅村墓，墓已被毁，尚存墓基，在萬樹梅花叢中…………………………三五
一九八四年（甲子）
贈侯北人大兄…………………………三五
一九八五年（乙丑）
瞿塘石歌…………………………三六
題侯北人《雁蕩山圖》…………………………三九
題西湖…………………………三九
題孤山早梅…………………………三九
過長沙…………………………四〇

過洞庭湖遠望君山 二首 …………… 四〇
題水滸 …………………… 四一
故園 …………………… 四一
《石頭記》列藏本歸京，李一氓丈詩來祝賀，敬步李老原韻 …………… 四一
附李一氓丈原玉 …………… 李一氓 四二
附周汝昌和詩 …………… 周汝昌 四二
東汪海若 …………………… 四三
屺瞻老人歌 …………………… 四三
畫中八友歌 …………………… 四五
中秋前一日，侯克捷君招遊北武當山 …………… 四六
題淝水之戰古戰場 …………… 四七
哭姚遷 …………………… 四八
讀龐瑞垠所作《姚遷之死》有感 …………… 四九
觀劉鐵平書法展覽 …………… 五〇
自黔至湘，山行所見 兩首 …………… 五〇
貴陽一九八五年全國《紅樓夢》學術討論會感賦 …………… 五一
題貴州省京劇團盧小玉主演《紅樓二尤》 …………… 五一
題織金打雞洞 …………… 五二
舞陽渡口贈別 …………… 五二
江陵紀遊 …………… 五三
乙丑十二月廿九夜觀梨園戲口占 …………… 五四
一九八六年（丙寅）
贈金庸 …………… 五五
題壽縣元康元年磚 …………… 五五
贈柯文輝 …………… 五六
題關良先生新作《挑簾圖》 …………… 五六

贈袁世海……五七
贈厲慧良……五七
哭高海庚……五八
哈爾濱國際《紅樓夢》研討盛會，群賢畢至，妙義紛呈，感賦古體詩三章，敬呈與會諸公郢正……五八
丙寅六月，哈爾濱國際《紅樓夢》研討會，省委宴請與會代表，即席口占……五九
題陳愛蓮主演林黛玉、賈寶玉夜讀西廂舞蹈有感……五九
題劉旦宅畫《黃葉村醉酒圖》……六〇
題徐霞客……六〇
東阿魚山吊曹子建墓……六一
一九八六年八月十七日訪垓下古戰場，十八日至和縣烏江，訪項王廟，十九日宿烏江旅舍，時酷暑，月色皎然如白晝，夜不能寐，月下賦此……六一
哭吳世昌先生……六三
題天山瑤池……六四
九月二十一日晚，訪唐北庭都護府故址，古城猶存，此即盛唐詩人岑參、封常清幕府所在地也，感而口占……六五
題龜茲山水……六五
九月廿八日游古龜茲克孜爾千佛洞夜不寐，枕上口占……六六
哭故宮裱畫師劉，代周懷民……六六
哭范鈞宏……六七
聽遼寧省京劇團遲小秋唱探監，其行腔音色宛

轉纏綿，寬厚頓挫，酷似硯翁，求之當世後起，誠為難得，因賦一絕……六八
奉贈錢眉叟小山仁丈……六八
十一月十六日，得柯文輝兄自廣西花山來信，述花山原始岩畫，為題一絕……六九
十一月廿七日至泉州，由吳捷秋、鄭國權兄導遊清源山，觀石刻老子巨像，口占二絕……六九
題廈門鼓浪嶼鄭成功故寨及海邊鄭成功巨像……七〇
懷海上關良翁……七〇
悼關良先生……七〇
題文物出版社三十周年……七一
題秦始皇陵兵馬俑坑……七一
題瞿塘峽出天然石壺……七二

一九八七年（丁卯）

游肇慶七星岩，主人宴客於星湖松濤館，即席賦此……七二
參觀端谿硯廠有題……七三
丙寅除夕，看火花感懷……七三
丁卯四月廿五日枕上，題寒山樓主鄒葦澄畫展……七三
題蘭谿新建李笠翁芥子園……七四
永嘉尋謝靈運池上樓感賦……七四
贈蘇淵老八十……七四
題蘇淵雷老畫松……七五
徐州沛縣題歌風臺……七五
題武梁祠石刻……七五
六月十三日，訪周傳瑛、張嫻夫婦，數十年不

見，歡談竟日，歸後詩以贈之……七六
雨中去河姆渡，歸途經四明山謁黃梨洲先生
墓，墓在叢山萬竹中……七六
游慈谿上林湖口占……七七
題《荔枝圖》贈天津戲劇博物館……七七
題胡阿壽《夏熟圖》……七七
懷侯北人大兄……七八
贈孫毓敏……七八
陳從周兄修復上海豫園，為題玉玲瓏二絕……七九
一九八八年（戊辰）
題深圳東湖賓館……八〇
贈王少石……八〇
明兩老人歌……八一
新加坡周穎南兄屬題其友人秀廷畫達摩像……八三
題牛生刻人像章……八三
題京中舉辦無錫市書畫展……八四
題林黛玉……八四
題香菱……八五
贈陽羨壺師顧景舟……八五
自題瓜飯樓壺……八五
題《宜興紫砂》圖冊……八六
題新加坡樓外樓酒家……八六
自題潑墨葡萄……八六
戊辰春日，陽羨壺會贈顧景舟……八七
題石壺畫展……八七
題金桂琴摹吳道子《天王送子圖》……八八
題劉海老十上黃山畫展……八八
懷周寒碧……八九

題申鳳梅舞臺生活五十年 …… 八九
戊辰十月十三日訪賀蘭山下西夏王陵 …… 八九
題揚州紅樓宴 …… 九〇

一九八九年（己巳）

黃河 …… 九〇
奉乞劉海老作《瓜飯樓校紅圖》 …… 九一
題劉海老畫紅梅 …… 九一
感事 …… 九一
金陵留別 …… 九二
懷加州侯北人 …… 九二
題石楠所著小說《寒柳》，書為柳如是立傳並及錢牧齋 …… 九三
己巳七月六日自滬返京，一路陰雨舉目皆不可見 …… 九三
贈楊公 …… 九三
己巳七月廿六日，於常州城中訪東坡辭世處，今尚有藤花舊館篆額，屋內有藤花一本，蓋當年坡翁賃居處也 …… 九四
題常州滑稽戲 …… 九四
己巳七月廿七日，訪常州淹城遺址，城分內中外三套，城牆及護城河依然尚存，城牆寬厚，高於地面甚多，護城河既寬且深，多魚，據云此為春秋末期古城 …… 九五
題梁園遺址 …… 九五
訪梁孝王墓石室 …… 九六
己巳十月一日夜，抵揚州，宿西園西山，翌晨至瘦西湖，自小金山買舟渡廿四橋至平山堂，一路秋色秋聲，皆詩情畫意也，為賦三絕 …… 九六

己巳十月三日夜，聞平山堂側瓊花忽然枯死，而西園瓊花結子滿枝，有異于此，于青山乃秉燭導予與丁章華、朱家華、吳戈、許毓成諸君往觀，詩以紀之 …… 九七
題范卓林藏任伯年《秋林放牧》圖 …… 九八
題范卓林藏唐雲《竹林雀噪》長卷 …… 九八
亭亭 …… 九八
題徐州漢畫館 …… 九九
哭王蘧常師 …… 九九
題如皋冒辟疆後人捐贈上海博物館文物 …… 九九
自題《尖圓臍君圖》 …… 一〇〇

一九九〇年（庚午）

題畫 …… 一〇一
懷加州侯北人 …… 一〇一
紀峰為作像，自題一絕 …… 一〇一
奉謝朱屺老、劉海老、侯北人諸公為作《瓜飯樓校紅圖》 …… 一〇二
校八家評批《紅樓夢》自題 …… 一〇二
壽杭州周采泉老八十大壽 …… 一〇二
庚午首春，懷海粟大師臺灣，時大師去臺訪問已月餘矣 …… 一〇三
庚午三月十二日賀朱屺老百歲畫展 …… 一〇四
題《秦淮八豔》電影劇本 …… 一〇五
自揚驅車赴泰興永安州食河豚，主其事者丁章華君 …… 一〇五
題逯彤作《金瓶梅》人物塑像 …… 一〇六
小別 …… 一〇六
為楊憲益老送杜康 …… 一〇七

奉贈馬來西亞著名書家八十八叟黃石庵先生書法展覽，先生書法遠宗漢魏，神似南海，此次展覽以精品二十件奉獻亞運會，敬題三絕 …………………… 一〇七
訪香谿樂平里農民詩人譚翁 ………… 一〇八
贈張翥，別已三十年矣 ………… 一〇八
以小箕山所攝新荷為粉本，畫《新荷圖》有題 …………………… 一〇九
麥積山登七佛閣感賦 ………… 一〇九
贈豫劇名旦胡小鳳 ………… 一一〇
題朱屺老馬山第三圖 ………… 一一一
庚午中秋，遊鄠縣草堂寺留題兼謝宏林大師齋宴 ………… 一一四
庚午秋游華清池，觀新發掘之海棠湯，昔楊妃之湯池也，因題一絕 ………… 一一四
自蘭州返京經騰格里大沙漠有感 ………… 一一五
遊神禾原香積寺 ………… 一一五
庚午秋自天水至蘭州，車行叢山中，一路秋色如畫，黃葉滿山，過碧玉村，風光更濃，過馬營，昔日戍邊屯兵之馬營也，因賦一絕 …… 一一六
庚午初冬，十一月十二日夜到涼州 ………… 一一六
武威騰格里沙漠中訪漢方城遺址，城在沙漠深處，為近年之新發現 ………… 一一七
張掖訪黑水國故址 ………… 一一七
風雪登嘉峪關城樓感賦 ………… 一一八
訪古陽關遺址 ………… 一一八
訪玉門關故址 ………… 一一九
徽班進京二百周年抒感 ………… 一一九

庚午十二月十一日再過白水澗道感賦……一二〇
哭劉海老……一二〇
贈劉海老……一二一
一九九一年（辛未）
積石行……一二二
贈美洲余英時兄……一二三
題彭城馬波生為予作《風雨夜讀圖》……一二三
題廣饒孫子故里……一二四
贈徐秀棠……一二四
題許家立製大觀園模型……一二五
題貴州從江大麯……一二五
題豐縣泥池酒……一二五
向滁州書家李國楨乞新茶……一二六
辛未五月五日夜一時枕上口占，時客揚州西園賓館……一二六
辛未立夏後一日到蘇州，晤蔣風白先生，題此為贈……一二七
題山旺化石，距今一億八千萬年，誠世界奇觀也……一二七
遊榮成成山島天盡頭，有胡耀邦同志題辭……一二七
題沙白先生油畫展……一二八
題呂啟祥《紅樓夢會心錄》……一二八
題徐秀棠塑陸羽像……一二八
彭城贈馬坡生……一二九
中秋有懷……一二九
昨夜……一二九
辛未秋觀麒派傳人小麟童《走麥城》感賦　二首

……………………………… 一三〇
吉首題苗族歌舞 ……………………… 一三〇
一九九一年十一月一日，遊黔陽芙蓉樓，即唐
王昌齡送辛漸處也 ……………………… 一三一
哭祝肇年 ……………………… 一三一
題畫 ……………………… 一三二
一九九一年十二月廿四日夜夢見海老端坐抬椅
中，雖華髮飄蕭而豪氣干雲，意態如昔，醒後
枕上口占 ……………………… 一三二

一九九二年（壬申）

憐君 ……………………… 一三三
題全國曲藝研討會 ……………………… 一三三
陳從周兄於昆明作楠園，為題兩絕 …… 一三三
一九九二年二月十二日（舊曆正月初九）為
鄧拓同志誕辰八十周年，丁一嵐同志來信索
詩，勉成三章 ……………………… 一三四
壬申五月巢湖范君寄新茶，詩以謝之 …… 一三五
題綿陽子雲亭 ……………………… 一三五
過江油青蓮鄉李白故里，題青漪江 …… 一三六
過沙灣，沙灣谿中產金，居民貧以淘金為業
……………………………… 一三六
題古江油關。此即馬邈投降處也，其側有李氏
夫人墓，下為明月渡，即李氏投水殉國處
……………………………… 一三七
題黃龍寺 ……………………… 一三七
過雪寶頂 ……………………… 一三七
雪寶頂所見 ……………………… 一三八
重過劍門關贈何興明 ……………………… 一三八

題劍閣翠雲廊漢柏 …………………… 一三八
過劍谿橋，諸葛孔明所過之古橋也 …… 一三九
題朱淡文《紅樓夢研究》 …………… 一三九
題覺苑寺壁畫，傳為吳道子遺墨 ……… 一三九
題平陽府君闕 ……………………… 一四〇
壬申五月香港贈黃永玉兄 …………… 一四〇
題姜新生裝裱 ……………………… 一四一
題曹雪芹墓石 ……………………… 一四一
題王己千為楊仁愷老所作《煙雲供養》長卷
…………………………………… 一四二
曹縣李同嶺為送牡丹來並為栽種，詩以為謝
…………………………………… 一四二
一九九二年十月，予在維揚舉行國際《紅樓夢》研討會，與同人登金焦二山，過北固樓感而成章 …………………………… 一四三
謝西園主人紅樓宴 ………………… 一四三
蒙城贈王佑三 ……………………… 一四三
遊下邳古城訪圯橋白門樓遺址 ……… 一四四
再題曹雪芹墓石 二首 ……………… 一四四
題黃胄墨驢圖卷 …………………… 一四四
題紫藤 ……………………………… 一四五
題韋江凡畫馬 ……………………… 一四五
題嵩陽書院大將軍柏，大將軍柏為漢武帝東巡時所名 …………………………… 一四六
賀韋江凡兄七十 …………………… 一四六
一九九三年（癸酉）
賀京劇大師張君秋舞臺生活六十年大慶 … 一四七
題電視劇《三國演義》 ……………… 一四八

題諸健秋丈所作《止酒圖》……一四九
贈唐雲……一五〇
七十自題……一五〇
題故友嚴古津、汪海若詩畫軸……一五一
謝韓美林畫馬……一五一
題濟寧青年書法家展覽……一五一
題尹光耀君著《中國傳統延緩衰老方藥集錦》……一五二
題倪小迂先生畫集……一五二
贈沈鵬……一五二
題孟津王鐸書法館……一五三
夢中得句，醒後足成……一五三
南京博物院建院六十周年俚句奉賀……一五三
同秀棠遊湖汊金沙寺口占……一五四
壬申五月，香港山之半居訪黃永玉兄有贈……一五四
題陶南薰《無邪集》……一五四
六月十八日，中國書協劉彥湖君，陪同參觀辟才胡同內跨車胡同十三號白石老人故居，因題一絕……一五五
哭老舍……一五五
癸酉八月五日，廬山同王士成訪東林寺……一五五
癸酉大暑，威海金線山頂宿瀛州賓館……一五六
自煙臺至龍口，途經海頭、潮水、蓬萊，一路碧海如天，風光似畫，詩以紀之……一五六
一九九三年九月二十日夜四更，予自龍口赴煙臺回京，過蓬萊，王景勝忽自後驅車趕來，為予送茅臺贈行，復於夜色中別去。噫！予非太白，而景勝之情實勝汪倫，詩以謝之……一五七

題譚鳳嬛烙繡《大觀園女奴圖》…………一五七
得海老香港書來，感懷有呈…………一五八
九月十一日至交河城感賦…………一五九
題高昌城二首…………一五九
癸酉九月九日，予自京飛烏魯木齊，先至高昌、交河故城，再到伊寧，越天山至庫車，即擬去喀什，登崑崙山感賦一絕…………一六〇
癸酉九月十八、十九兩日，自伊寧乘長途車赴庫車，經兩日夜度天山感賦…………一六〇
過天山冰達阪…………一六一
九月廿日抵龜茲，夜不寐，枕上口占…………一六一
癸酉九月廿三日題溫宿古木林，皆千年古樹，虯曲如龍，盤屈臥地再起，園中古樹皆作此龍蛇形，堪稱奇跡…………一六二
九月二十五日到喀什宿疏勒…………一六二
癸酉中秋前夕，予宿南疆民豐縣，月色甚麗，夜忽有夢…………一六三
癸酉中秋月夜，洛浦來政委宴請，即席致謝，兼贈李吟屏先生…………一六三
謝和田雒勝政委贈崑山碧玉…………一六四
和田臨別贈雒政委，並訂明年之約…………一六四
癸酉秋盡在和田得大葫蘆…………一六四
題劉正成書李廷華詩…………一六五
蘭州匡扶老惠寄詩集，詩以報之…………一六五
題上海越劇院演焚稿…………一六五
題界首釀酒世家吳永貴…………一六六
一九九四年（甲戌）
甲戌春送李雙喜至海南…………一六六

甲戌春，一九九四年三月十九日晨，鎮江渡口大霧，渡輪停駛，予與有責任在渡口待渡，至十時半霧始散 …………………… 一六七
甲戌春，一九九四年三月二十一日予到揚州，丁章華主任留享河豚，命許毓成去靖江取魚，晚宴於其家，此予第二次食河豚也，詩以紀之 …………………………… 一六七
題譚鳳嬛烙繡《紅樓夢》 …………………… 一六八
題譚鳳嬛烙繡《壽怡紅群芳夜宴圖》 …… 一六八
一九九四年五月六日游濟南南郊錦繡川口占 …………………………… 一六八
讀楊向奎、劉潤為、王家惠紅樓新論，謂《紅樓夢》非曹雪芹作，乃豐潤曹淵所作，讀後慨然有賦二首 …………………………… 一六九
臺灣甲戌《紅樓夢》研討會喜晤周策縱、唐德剛兩兄感賦有呈 …………………… 一六九
六月十三日游臺北南園，車中策縱兄賦詩索和，即依原玉 …………………… 一七〇
南園午宴，策縱兄即席賦詩索和，即次原韻 …………………………… 一七〇
六月十七夜看蘇昆王芳演《尋夢》，座中口占 …………………………… 一七〇
題浙江京昆劇院張志紅演《尋夢》 …… 一七一
自題大西部攝影集《瀚海劫塵》 ………… 一七一
題瞿塘峽贈魏君 …………………………… 一七一
萊陽道中 …………………………………… 一七二
哭劉海粟大師 ……………………………… 一七二
榮寶齋百周年紀念，詩以為賀 ………… 一七四

題杭州丁雲川藏李爾楳書《紅樓夢》百詠
…… 一七四
題周懷民老畫《富春江圖》…… 一七四
甲戌歲暮，自刊《瀚海劫塵》出，率題一律
…… 一七五

一九九五年（乙亥）

題巫君玉詩稿 …… 一七五
題包立民輯作家自畫像 …… 一七六
甲戌歲暮，漢城夜宴徐氏莊，古體有贈 …… 一七六
贈冒舒湮先生 …… 一七六
題畫 …… 一七七
哭厲慧良 …… 一七七
題厲慧良遺照 …… 一七八
漢中題《石門銘》、《楊淮表》、《衮雪》等石
刻。後者傳為曹操所書 …… 一七八
題朱屺老百五畫展 …… 一七九
題尹光華畫展 …… 一七九
題開母石 …… 一八〇
題嵩山萬歲峰下啟母闕 …… 一八〇
題法王寺，寺位於太室山南麓玉柱峰下，寺內
有雙銀杏高可參天，不知其年也 …… 一八〇
過萬歲峰 …… 一八一
贈越秀酒家 …… 一八一
重訪開封至河大有感 …… 一八一
贈黃漂英雄巴魯，其原名黃立明 …… 一八二
題邵子退《種瓜軒詩稿》…… 一八二
題晏少翔畫《神駿圖》…… 一八二
自京飛烏魯木齊，機中見天山博格達峰獨立如

銀柱……………………………………一八三
題莎車……………………………………一八三
贈莎車胡宗堯政委………………………一八四
題烏什城，城以西，有別迭里山口，存唐時烽燧。山口即玄奘法師西天取經出國境處……………………………………一八四
題塔什庫爾干朅盤陀古城，玄奘東歸時所留處也……………………………………一八五
和田贈雒政委……………………………一八五
雒勝政委自和田送予至若羌，故樓蘭地也，臨歧殷殷，詩以留別………………………一八六
參觀新修塔中公路題胡楊樹……………一八六
乙亥八月卅一日同高玉璽、高健、李吟屏諸友及朱玉麒、孟憲實兩君同遊鐵門關留題……一八六
過天山絕頂老虎口至一號冰川，風雪大作，雲生雙袖，感而有作………………………一八七
贈趙燕俠…………………………………一八七
香港將於一九九七年回歸祖國，長城勒銘，感而有作……………………………………一八八
題尹光華山水冊頁………………………一八九
贈韓國李東泉……………………………一八九
題黃鶴樓感賦……………………………一九〇

一九九六年（丙子）

題哈爾濱紅學會…………………………一九〇
題固安縣屈家營鼓吹音樂會，所傳樂調，尚是元明間古調………………………………一九一
題厲慧良…………………………………一九一
敦煌古樂在京演出有感…………………一九二

悼朱屺老……一九二
哭蔣和森……一九三
遊黟縣西遞、小桃源諸勝……一九四
哭周懷民老……一九五
痛悼端木蕻良先生 三首……一九六
題遼陽藝術節……一九七
題金庸……一九七
贈金庸又一首……一九七
丙子十月，天馬山拜先師王瑗仲公墓……一九八
馬少波先生八十大壽兼創作六十五周年紀念……一九八
一九九七年（丁丑）
題高振宇作紫砂陶牛……一九九
題潘天壽先生百歲紀念……一九九
青花歌贈陸履峻……二〇〇
贈徐邦達先生……二〇〇
一九九七國際《紅樓夢》研討會，周策翁以大詩『曹紅』見示，宋謀瑒兄依韻奉酬，予亦追陪其後，聊志勝概而已……二〇一
一九九七北京國際《紅樓夢》研討會贈傅克誠書記……二〇一
題格登碑……二〇二
題草原石人，石人為突厥武士，佩長劍當風兀立……二〇二
題烏孫墓……二〇二
遊喀納斯湖，宿哈巴河一連，此處為中國之最北端，雖九月已寒冷徹骨，夜不能寐，枕上看窗外繁星若燦，口占……二〇三

題高振宇作雨後青瓷瓶……二〇三
題中華博覽……二〇四
一九九八年（戊寅）
題臺灣愛國人士何國華……二〇四
題譚鳳嬛臨《簪花仕女圖》……二〇五
題《黄山大雪圖》……二〇五
題雪中芭蕉……二〇五
憶太湖……二〇六
題畫……二〇六
題元康元年磚……二〇七
題《東坡泛舟圖》……二〇七
題《萬松撼碧圖》……二〇七
題譚鳳嬛臨唐寅《四美圖》……二〇八
自績溪赴屯谿，一路密雨，車中口占……二〇八
題新得太湖石……二〇八
編《夜雨集》畢，率題一絶……二〇九
悼馬振俠……二〇九
臺北雙谿拜大千先生故居……二一〇
題金塔寺 二首……二一〇
題瓜州榆林窟……二一一
自題瓜飯樓校紅硯……二一一
臺北贈胡示乃……二一二
答符東明學兄……二一二
自題《祁連霽雪圖》……二一二
題寧波梁祝公園……二一三
湘西吉首曹世卿送紫藤來即題……二一三
一九九九年（己卯）
題西藏當雄縣，縣在海拔四千米以上……二一三

題仙遊寺……二一四
題譚鳳嬛《秋思圖》……二一四
李兆志羊毫歌……二一五
題貴州劉白雲畫師……二一五
哭巫君玉……二一六
老去……二一六
題畫……二一六
題蘇州老畫師畫山水……二一七
贈漢劇名家陳伯華……二一七
題畫……二一八
題畫二首……二一八
慶澳門回歸……二一八
題畫……二一九
題《華山圖》……二一九
東山贈亞明……二一九
作《華山圖》並題……二二〇
題畫……二二〇
題天都峰，枕上作……二二一
二〇〇〇年（庚辰）
元旦晨撞世紀鐘……二二一
題畫……二二一
題《黄山圖》……二二二
己卯除夕，為予七十八歲初度，述懷有作……二二二
枕上……二二二
題《劉白雲畫冊》……二二三
題《江南煙雨圖》……二二三
題胡楊樹……二二四

贈房峰輝將軍……二二四
題葉兆信藏珊瑚峰……二二五
題《紅梅圖》……二二五
題自畫葫蘆……二二五
哭陳從周兄……二二六
題吳新雷、黃進德兩教授合著《曹雪芹江南家世新考》二首……二二六
題孫博湖石……二二七
感事……二二七
饒宗頤先生賜贈《清暉集》，詩以為謝……二二八
自題小園……二二八
贈劉白雲……二二九
題畫……二二九
謝孫博送仙桂……二二九
贈王玉池……二三〇
憶黃山……二三〇
題東林書院……二三〇
為西安田禾題漢四靈拓本……二三一
題浯谿一青年來信……二三一
題贈劉繼湘……二三一
夢中得句『滿山雲霧裏，猶有六朝僧』，醒後足成之……二三一
徐邦達老九十大壽，詩以奉賀……二三二
懷許麐翁……二三二
遼寧省府贈楊仁愷老以『人民鑒賞家』稱號，詩以為賀……二三三
又贈楊仁愷老……二三三
楊仁愷老屬題羅啓蒙書《四體千字文》……二三三

感事……二三四
題汪大剛大海揚帆硯……二三四
亳州顔語老贈詩，詩以答之……二三五
敬致其庸教授……顔語　二三五
贈光年同志前輩……二三五
花谿……二三七
悼鄧雲鄉……二三七
迎新紀……二三七
送舊歲迎新紀……二三八

二〇〇一年（辛巳）

題《故山春思圖》……二三九
《海南詩草》序……二三九
二〇〇一年一月十三日，同菉涓遊三亞……二四一
一月十四日，同菉涓遊天涯海角，途中率題……二四一
一月十四日在亞龍灣海濱食海鮮，有鼠子魚，味極美，為海鮮中之珍品……二四二
一月十九日夜二時不寐，枕上口占……二四二
讀東坡集，東坡海南被奪屋，念之憤憤……二四二
一月二十日擬去儋州，題桄榔庵……二四三
一月二十三日為庚辰除夕，為予七十九歲初度（庚辰十二月二十九日，今年無三十日）時客海南感賦……二四三
辛巳歲朝（一月二十四日），海口同兆田賢伉儷、趙力兄同遊萬綠園……二四四
辛巳歲朝海口遊西海岸……二四四
辛巳元旦過海瑞墓……二四四
辛巳正月初三日儋州訪中和古鎮、東坡書院並

桄榔庵舊址 …… 二四五
一月二十七日儋州訪東坡故居 二首 …… 二四五
辛巳正月初五日，海口嚴寒，降溫至十度左右，予在京中所穿冬衣，盡已上身，猶覺不支，乃困臥重衾中，枕上口占，因初三日自儋州歸，詩以及之 …… 二四六
讀東坡儋耳詩 …… 二四六
中和即事 …… 二四七
儋州東坡歌 …… 二四七
二月三日遊古崖州城口占 …… 二四七
辛巳正月十二日訪海南古崖州城，宋趙鼎、胡銓等流貶處也。自崖州再至天涯海角，海天無盡，低徊賦此 …… 二四八
海口辭屈兆田兄歸京 …… 二四八
二月三日，予陽曆七十九歲初度，兆田宴我于海濱，歸後感賦 …… 二四九
題昌化江黃金谷 …… 二四九
二月四日立春 …… 二五〇
二月六日，中和鎮尋得昌化軍古城，城外即大江。城門尚在，東坡汲江煎茶，常出入此城門 …… 二五〇
題通什昌化江靈石峪 …… 二五一
辛巳元宵，承文碧賢伉儷、兆田夫婦邀遊火山口公園，文碧設宴荔子灣荔林下，火樹銀花，極南海之盛，歸至文碧家，燃爆竹以為節日之慶，復進元宵，應令節而頌月圓人壽也，詩以紀實 …… 二五一
二月九日兆田夫婦設宴送別，諸友均來，俱依

依惜別，予乃即席口占致謝 …… 二五三
二月九日夜到京，十日晨枕上作 …… 二五三
二月十二日晨枕上口占 …… 二五三
《海南詩草》跋 …… 二五四
謝啟功先生為拙展題標 …… 二五五
題寒山寺 …… 二五六
文章 …… 二五六
題陸偉興所作拳石蒼松盆景 …… 二五六
結習 …… 二五七
當年 …… 二五七
題畫 …… 二五七
自題拜石草堂 …… 二五八
題雪景山水 …… 二五八
題山水 …… 二五九
奉題楊仁愷老寫真 …… 二五九
題《夢中故園圖》 …… 二五九
枕上得詩 …… 二六〇
題《尋梅圖》 …… 二六〇
題《剪燭集》 …… 二六〇
題陳佩秋山水 …… 二六一
題陳佩秋畫荷花 …… 二六一
題陳健碧《清谿泛舟圖》 …… 二六一
題陳健碧 …… 二六二
題陳佩秋《蛺蝶圖》 …… 二六二
題陳佩秋《鴛鴦圖》 …… 二六二
題陳佩秋《青巒山居圖》 …… 二六三
為范縣鄭板橋紀念館題 …… 二六三
贈周桂珍 …… 二六三

贈陳復澄 …… 二六四
題黃山松 …… 二六四
贈馮其庸先生七絕 三首 …… 葉嘉瑩 二六四
題《秋瓜圖》 …… 二六六
題柳子谷畫家 …… 二六六
題紅梅 …… 二六六

二〇〇二年（壬午）

贈許麐廬老畫師 …… 二六七
自題《剪燭集》二首 …… 二六八
自題紅梅 …… 二六八
題吳江老 …… 二六九
題園中初發海棠 …… 二六九
題錢松岩師畫山水 …… 二七〇
題夢苕師金像，像為紀峰所造 …… 二七〇
題啟功先生法書 …… 二七〇
送春 …… 二七一
讀夢苕師《沈曾植集校注》 …… 二七二
題《紅梅圖》 …… 二七二
題和平畫店 …… 二七二
題寒山寺 …… 二七三
題季羨林老金像，像為紀峰所作 …… 二七三
題陸秀夫紀念館 …… 二七三
題東南大學百家論壇 …… 二七四
贈臺灣劉昭湖 …… 二七四
題袁荃猷《剪紙集》 …… 二七四
尋夢 …… 二七五
贈馮鵬生 …… 二七五
題《紅梅圖》 …… 二七五

再題《紅梅圖》……二七六
題《秋瓜圖》……二七六
紀峰為造像，自題一律……二七六
題《秋風葫蘆圖》……二七七
題徽州王金生木雕五百羅漢像，像用漢金絲楠木刻成，長五米……二七七
題梁通藏黃遵憲長卷，卷首有錢仲聯師題字……二七八
題新作《紅梅圖》……二七八
再題《紅梅圖》……二七八
題《丈人峰圖》……二七九
題山水畫……二七九
題山水畫……二七九
題山水畫……二八〇
贈王炳華……二八〇
再題《青城山丈人峰圖》……二八〇
休寧看古梅……二八一
閒情……二八一
題許錦文著《孟小冬傳》……二八一
為朱仙鎮題民族英雄岳飛……二八二
賀寬堂先生八旬大壽　李廣柏……二八三
馬來西亞胡大使宴請會上，即席奉謝胡大使、李金友、華總、星洲諸高朋……二八三

二〇〇三年（癸未）

讀黃能馥、陳娟娟《中國絲綢科技藝術七千年》後為題一律……二八四
為中國書協書法講習班十周年題……二八四
贈祝竹……二八五

題《秋風圖》……二八五
題王京盙先生書法篆刻……二八五
題畫……二八六
風白先生九十大壽，作《紅梅》以壽並繫以詩……二八六
題畫……二八六
題瘦西湖……二八七
白衣戰士歌……二八八
賀周桂珍榮獲雙大師……二八八
為梁白泉兄題雨花石……二八九
題《尋夢集》……二八九
題重印甲戌本……二九〇
再題一絕……二九〇
枕上又題一絕……二九〇
再題甲戌本，感雪芹身世而作也……二九一
題賀友直上海風情畫卷……二九一
海英為予打《瓜飯樓重校評批〈紅樓夢〉》稿，困難重重，詩以勉之……二九一
題易水紅樓硯……二九二
讀某君論《紅樓夢》文章感賦……二九二
題《墨梅圖》……二九二
為張強民畫墨梅題詩……二九三
題黃山圖懷海翁……二九三
懷錢仲聯師……二九三
欣聞我載人飛船上天成功，喜極而賦……二九四
壽虞逸夫老九十華誕……二九五
題俞平伯老詩卷……二九五
一九七八年予遊牡丹江鏡泊湖，曾有詩留題，

予已忘卻，宋德胤君持詩來求書，予始憶之 …………………… 二九六
題《雙松圖》 …………………… 二九六
哭夢苕師 …………………… 二九七
謝王麟鵬大夫 …………………… 三〇〇
記夢 …………………… 三〇一
題橫枝盆梅 …………………… 三〇一
題電視《紅樓夢》播放二十周年 …………………… 三〇一

二〇〇四年（甲申）

題釣魚臺國賓館書畫展 …………………… 三〇二
題王良旺將軍《雲天浩歌集》 …………………… 三〇三
題山水冊頁 …………………… 三〇三
校評《紅樓夢》罷，率題兩絕 …………………… 三〇三
題畫 …………………… 三〇四
題畫 …………………… 三〇四
題趙樸老書札 …………………… 三〇四
題《深山讀書圖》 …………………… 三〇五
俚歌為馮鵬生題黃賓虹山水長卷 …………………… 三〇五
題畫 …………………… 三〇六
題畫 …………………… 三〇六
題饒宗頤先生書畫 …………………… 三〇七
題王蒙《活說紅樓》 …………………… 三〇七
題蔡毅強印存 …………………… 三〇七
題山水畫 …………………… 三〇八
九月五日，予飛烏魯木齊，機中悟雪芹撰《石頭記》深意，詩以記之 …………………… 三〇八
九月十四日，偕邢學坤、寧孝先、賈強、朱玉麒、常真及菉涓、海英重遊鐵門關，昔張騫、

班超、班勇、鄭吉、玄奘、岑參所過之關也，詩以記之 …… 三〇九
讀《大唐西域記》玄奘至尼壤並前指納縛波、樓蘭有感 …… 三一〇
題《綠水獨釣圖》 …… 三一〇
題紀念曹雪芹逝世二百四十周年揚州國際《紅樓夢》研討會 …… 三一〇
題紅梅 …… 三一二
十一月十九日夜不寐，枕上口占 …… 三一二
題蕭風書法集 …… 三一二
唐雙寧狂草歌 …… 三一三

二〇〇五年（乙酉）

悼周雁 …… 三一五
題丘挺《富春山居圖》 …… 三一五
甲申除夜懷瀋陽楊仁老 …… 三一六
乙酉歲朝試筆贈吳江大兄先生 …… 三一六
喜聞甲戌本歸來，賦詩志賀 …… 三一六
題《谿山無盡圖》手卷 …… 三一七
夜飲 …… 三一七
狂草 …… 三一八
題行草《正氣歌》書尾 …… 三一八
題東坡墓 …… 三一九
為黃苗子老題傅青主《聽書圖》 …… 三一九
讀可居先生書陳小翠詩，忽憶當年情事，詩以傷之 …… 三二〇
河南郟縣拜大蘇墓 …… 三二一
題雲臺山黃龍潭 …… 三二一
題茱萸峰 …… 三二二

哭啟功先生……………………………………三一二
七月七日同運天送啟功先生大歸…………三一四
題《訪幽圖》………………………………………三一五
大地………………………………………………三一五
題畫………………………………………………三一五
迎暹小秋進京……………………………………三一六
喀什重來…………………………………………三一六
登帕米爾高原，剛入山口，即遇泥石流，公路被沖斷，車陷泥流中，經搶救纔脱險，詩以紀實………………………………………………三一六
題公主堡…………………………………………三一七
讀周退密老詩……………………………………三一七
哭周紹良先生……………………………………三一八
崑崙頂上放歌……………………………………三二〇
明鐵蓋山口玄奘東歸入境處立碑，詩以紀實………………………………………………三二一
題《深山蕭寺》長卷……………………………三二一
題《殘山圖》……………………………………三二一
題崔兆禮畫集……………………………………三二二
題張立新藏畫集，集中多有予昔年舊作……三二二
題董邦達山水畫卷………………………………三二三
贈暢安王世襄先生………………………………三二四
題項羽東城決戰處，其地當即在今虞姬墓附近………………………………………………三二五
題虞姬墓，墓在安徽定遠縣，漢東城地也………………………………………………三二五
題陰陵城少十步，昔灌嬰追項羽未及處也………………………………………………三二五

題李太白墓 …… 三三六
雨雪登玉屏樓遙望天都峰 …… 三三六
籬荳 …… 三三六
玉藺表妹書來，因憶往事，舊恩情深，不覺殞涕 …… 三三七
不寐 …… 三三八
吳特洲約請至五十層轉動高樓彭年大樓觀深圳夜景，並可俯視香港，星火燦爛，中隔一衣帶水，彷彿銀河落地，因成一絕 …… 三三九
二〇〇六年（丙戌）
英雄丁曉兵之歌 …… 三三九
題玄奘西行求法 …… 三四〇
乙酉歲不盡十日，室中燕支古梅先放數星，燦若滴硃，因賦一絕 …… 三四一
重到天涯海角，口占一絕 …… 三四一
重到古崖州城，宋趙鼎、胡銓、盧多遜流放處也，尚存破屋半椽 …… 三四二
題《馬凱詩詞稿》 …… 三四二
重題水南村 …… 三四二
昔夢 …… 三四三
題海南張進山陰沉木根雕 …… 三四三
題《觀瀑圖》 …… 三四三
題雪景山水 …… 三四四
題畫 …… 三四四
贈張西平大夫 …… 三四五
讀牧齋詩 …… 三四五
題畫 …… 三四五
和平樓即席題黃永玉兄為許麐老寫真 …… 三四六

題畫……三四六
贈趙逵夫教授……三四六
避世圖……三四七
題《湯池圖》……三四七
題繩齋篆刻……三四八
讀牧翁詩再題……三四八
題《松谷庵圖》……三四八
枕上讀牧翁西湖詩有感……三四九
題上博展出《喪亂》五帖……三四九
題《茅亭擁書圖》……三五〇
題謝稚柳《寒梅圖》……三五一
題《漁村圖》……三五一
上博看《喪亂》三帖，又至庫房看《孔侍中》兩帖，《妹至》一帖，歸後感賦……三五一
『國學大師』自嘲……三五二
失學……三五二
贈黃君……三五二
畫瓜……三五三
贈楊仁愷老……三五三
題江宏畫梅……三五三
八十四歲畫展自嘲……三五四
徐湖平來，告我殷亞昭去世已多年，不勝傷悼……三五四
讀故宮畫冊……三五五
贈太原張頷先生……三五五
題《臨流讀莊圖》……三五六
題高振宇蓮花影青盤……三五六
題《層巒疊翠圖》……三五六

讀呂敢祥論秦可卿……………………三五七
祝二〇〇六年八月大同國際《紅樓夢》研討會
……………………………………三五七
太原訪張頷老蒙贈建初二年買地券精拓本，並
有張老釋文，詩以謝之……………三五八
再題自畫《層巒疊翠圖》……………三五八
海外…………………………………三五九
題沈定庵老書法展…………………三五九
題無錫朱楓潑墨畫…………………三六〇
三題《層巒疊翠圖》………………三六〇
題山水畫……………………………三六〇
贈太原姚奠中先生…………………三六一
贈揚州錢宗武教授…………………三六一
題汪觀清《公牛圖》長卷…………三六二
題金鐵木《圓明園》影片…………三六三
題太史公墓…………………………三六四
天水題杜甫秦州詩…………………三六四
題南郭寺……………………………三六五
訪同谷杜甫故居……………………三六五
紀夢…………………………………三六五

二〇〇七年（丁亥）

題《解夢集》………………………三六六
題山水長卷…………………………三六六
題紀寶成《歲月詩痕》……………三六七
題張嫻《夢回録》三首……………三六八
贈屈全繩將軍………………………三六九
題鍾開天書屈全繩詩………………三六九
題畫…………………………………三七〇

登峨嵋山口占……三七〇
題瞿塘關……三七〇
謝天遺老人虞逸夫賜題山水長卷三十二韻……三七一
題《雲山煙水圖》……虞逸夫　三七三
悼陳曉旭　三首……三七五
題畫……三七六
南偉弟去世，予久不知，家人因予病也，今突聞之，悲從中來……三七六
丁亥四月二十日，聽晏老談養生有感，晏老時年九十又四，清爽如神仙……三七七
題耿毓亮畫　二首……三七七
題汪觀清先生太行山景……三七八
題楊彥山水畫……三七八
懷長沙天遺老人……三七九
再懷天遺翁……三七九
為孫堅作《墨梅圖》……三八〇
題《江南雲山圖》……三八〇
題暢安老人著《錦灰不成堆》三首……三八一
題《雲雪圖》……三八二
題紀峰作徐公孚尹金像……三八二
天末懷余英時學長兄……三八二
題歙縣王金生徽雕《清明上河圖》……三八三
八十有五感賦……三八三
十一月二十日下午遊黃山自太平坐纜車直到排雲亭，值西海晚霞滿天，感而有作……三八四
邵春風以歙石老坑作硯相贈，詩以報之……三八四
二〇〇八年（戊子）

哭楊老……三八五
戊子元日，枕上得詩……三八六
送楊老……三八六
題重彩葫蘆……三八六
題《〈精忠旗〉箋證稿》……三八七
題天鷲峰……三八七
奇石歌……三八七
啟祥自美來書問疾，適予重校《紅樓夢》有感，詩以代柬……三八八
病中雜感……三八九
枕上再題曹雪芹家世，寄啟祥美洲……三八九
題小園雙峰……三八九
尹學成君自徽州得古梅三樹，皆數百年物，其中一樹，連理纏枝，實為奇品，詩以記之……三九〇
題蘇繡《紅樓夢》人物……三九〇
讀《侯馬盟書》，效庭堅贈半山老人體贈張頷老……三九一
題汶川抗震救災……三九三
懷舊……三九四
題梅花橫幅……三九四
題奔雲峰……三九四
題薛素素自畫像……三九五
長沙贈天遺老人……三九五
和寬堂兄見懷七律 二首……虞逸夫 三九六
得虞老南嶽來書，枕上感賦……三九七
病逾半年，行步艱難，臥床回思往昔，念及慈親家人，往日所同苦者，不勝低徊之思……三九七

賀上海收藏家學會……………………三九八
虞老去南嶽避暑，因寄以詩……………三九八
贈南嶽天遺翁……………………………三九八
謝張頷老贈法書冊頁……………………三九九
懷楊廷福…………………………………三九九
玄奘東歸，經羅布泊、樓蘭而入玉關，予親至其地考證，詩以紀實……………………三九九
和其庸兄見懷三絕句…………虞逸夫　四〇〇
題畫………………………………………四〇一
看奧運會閉幕，煙火照夜，喜極而淚，賦此懷長沙虞老……………………………………四〇一
虞老詩來問候，次韻奉酬，即乞郢正…四〇一
附虞老來詩……………………虞逸夫　四〇二
神七奔月，喜極而淚，賦此志賀………四〇二
題虞老書法………………………………四〇三
題畫菊……………………………………四〇四
題畫………………………………………四〇四
題畫………………………………………四〇四
病榻………………………………………四〇五
懷謝無量詩老……………………………四〇五
贈葉嘉瑩教授……………………………四〇六
病榻感賦…………………………………四〇六
戊子歲尾感懷……………………………四〇七

二〇〇九年（己丑）

自題《還山集》…………………………四〇七
題庚辰本二十二回末脂批………………四〇八
讀王蒙《老子的幫助》…………………四〇八
八七初度自題……………………………四〇八

己丑元夜，重校《十三樓吹笛譜》成，杯酒抒懷……四〇九
題《紅樓夢》薛寶琴懷古詩……四〇九
題峨嵋山青羽山莊……四一〇
題石鍾揚著《陳獨秀》……四一〇
題玄奘法師尼壤以後歸路……四一〇
題賀友直《老上海的弄堂》長卷……四一一
夢裏……四一一
己丑上巳，游無錫陽山，值桃花節，花開似錦，遊人如織，率題……四一一
題《墨葡萄》……四一二
己丑春日，予年八十又七，自刪文集定，感懷書耑……四一三
聽王蒙講《老子》……四一三
懷陳從周兄……四一三
園中牡丹魏紫姚黃同放，為賦短章……四一四
題天驚峰兼懷曹雪芹……四一四
題譚鳳嬛畫《紅樓夢》人物……四一五
讀書……四一五
題鞠稚儒篆刻……四一六
題翰墨長鋒六十年書法展……四一六
題《無錫成語歷史故事集》……四一六
題魏靖宇畫冊……四一七
贈楊絳老人……四一七
題《秋風圖》……四一八
題《雲山讀書圖》……四一八
九月十五日夜夢見天遺翁來京相晤，歡若平生，覺後口占……四一八

題《香君閑吟》…………四一九
看國慶晚會電視口占…………四一九
頌泰山並秦皇無字碑…………四一九
題譚鳳嬛畫《紅樓詠菊圖》…………四二〇
贈潘慎…………四二〇
贈孫熙春…………四二〇
題金絲楠長案，長三點六五米，漢金絲楠木，
苑金章製作…………四二一
題苑金章製漢金絲楠木長案…………四二一
題張頷老九秩榮慶…………四二三
哭楊憲益老…………四二三
題王瑗仲師書壯暮堂額手跡…………四二三
二〇一〇年（庚寅）
題畫…………四二三
哭張仃老…………四二四
奉題謝辰生老文集…………四二五
題畫…………四二五
舊撰《中國文學史稿》原稿，「文革」中被
毁，今油印本回歸，詩以寄慨…………四二六
題《紅樓夢》贈南菁中學《紅樓夢》選修班
…………四二六
雜憶…………四二七
題畫…………四二九
題許麐盧老九五畫展…………四二九
雜憶…………四三〇
贈鞠稚儒…………四三〇
贈陳巨鎖…………四三一
題金叵羅製金絲楠明式書畫案…………四三一

園中海棠盛開，對景有懷 …… 四三一
題泰山桃花峪摩崖石刻 …… 四三二
贈鞠稚儒 …… 四三二
青島贈孟鳴飛、劉詠二兄 …… 四三二
泉城贈梁步庭大兄先生 …… 四三三
敬祝徐邦達老百歲大壽 …… 四三三
題劉文斌臨《維摩演教圖》 …… 四三四
壽饒選堂公九五華誕 …… 四三四
讀《紅樓夢》有悟 …… 四三五
外孫女胡紫漪十四歲，在北京東城區舉辦鋼琴獨奏會，演奏貝多芬《暴風雨》等名曲，予聽其演奏，為賦一絕 …… 四三六
讀《秋風集》感懷 …… 四三七
悼郭預衡先生 …… 四三七
看新版電視劇《紅樓夢》有感 …… 四三八
校《瓜飯樓叢稿》竟，自題一律 …… 四三八
題畫 …… 四三八
題《牡丹水仙圖》 …… 四三九
題《取經之路圖》 …… 四三九
題《江南山水》 …… 四三九
慶祝人民文學出版社建社六十周年 …… 四四〇
題畫 二首 …… 四四〇
喜讀錢名山公書畫集 並記 …… 四四一
題馬國慶活拓鯉魚 …… 四四一
送歲 …… 四四二

瓜飯樓詞草

一九四二年（壬午）
浪淘沙 …… 四四三
前調 …… 四四四
一九四六年（丙戌）
調笑令 …… 四四四
一九八七年（丁卯）
減字木蘭花 …… 四四五
一九九五年（乙亥）
金縷曲 …… 四四五
一九九九年（己卯）
霜天曉角 …… 四四六
霜天曉角 …… 四四七
二〇〇一年（辛巳）
木蘭花慢 …… 四四八
調木蘭花慢 有序 …… 徐邦達 四四九
二〇〇二年（壬午）
金縷曲 …… 四五〇
浣溪沙 …… 四五一
浣溪沙 …… 四五一
好事近 …… 四五一
水龍吟 …… 錢仲聯 四五二
賀新涼 …… 錢仲聯 四五二
賀新涼 …… 四五三
二〇〇三年（癸未）
摸魚兒 …… 四五四
金縷曲 …… 四五五
二〇〇四年（甲申）
解連環 …… 胡家禔 四五六

二〇〇六年（丙戌）
金縷曲 …… 四五七
八聲甘州 …… 四五八
浣溪沙 …… 四五八
二〇〇八年（戊子）
浣溪沙 …… 四五九
前調 …… 四六〇
前調 …… 四六〇
八聲甘州 …… 四六一
二〇〇九年（己丑）
浪淘沙 題《重校〈十三樓吹笛譜〉》 …… 四六二
賀新郎 …… 四六二
二〇一〇年（庚寅）
金縷曲 重校《水雲樓詞》題鹿潭翁 …… 四六三

瓜飯樓聯語

一九八〇年（庚申）
題王瑗仲師 …… 四六五
一九八九年（己巳）
己巳十月廿六日淩晨拭淚輓王瑗仲恩師 …… 四六六
一九九三年（癸酉）
自題瓜飯樓 …… 四六六
為梓橦瓦口關作長聯並書 …… 四六七
題乍浦港海紅亭 …… 四六七
同周懷民先生輓唐雲 …… 四六七
題溫州瑞安市高則誠紀念館（南戲祖庭） …… 四六八
一九九四年（甲戌）
題馬來西亞周氏宗祠 …… 四六八

一九九九年（己卯）
為春風草堂作……四六九
二〇〇三年（癸未）
枕上輓夢苕師……四六九
輓蔣風白老畫家……四七〇
二〇〇五年（乙酉）
題周宏興藏大理石畫……四七〇
輓汪慶正院長……四七〇
二〇〇七年（丁亥）
題西安大慈恩寺大雄寶殿……四七一
二〇〇八年（戊子）
輓楊仁愷老……四七一
題園中連理纏枝古梅，梅榦生雙靈芝……四七二
二〇〇九年（己丑）
題蘇州虎丘山……四七二
二〇一〇年（庚寅）
為洛陽白馬寺集《聖教序》句……四七三

瓜飯樓韻語

一九九五年（乙亥）
習氣功有悟……四七五
一九九六年（丙子）
硯銘……四七六
二〇〇六年（丙戌）
養心偈語……四七七

後　記……四七八

自序

一九三七年抗戰爆發，不久，我的家鄉無錫淪陷。當時我上小學五年級，因日本兵佔領，學校停閉，我失學在家種地。我本是貧苦農民的子弟，失學後只有種地一條出路，我於種地之餘，自己摸索，找到了自學的道路。我家裏一本書也沒有，全靠親友的商借，逐漸地興趣愈讀愈濃，最早讀的書中有一本殘破的《古詩源》，我天天反復誦讀，如《古詩十九首》等我當時全能背誦。後來又借到了《唐詩三百首》，讀得也差不多全能背誦，那是我虛齡十五歲到十六歲的時候。一九三九年我十七歲的下半年上了初中，在舊書攤上買到了一部《水雲樓詞》，曼陀羅華閣精刻本。儘管有的古體字還不認識，斷句也不準，但讀得很有味，一部《水雲樓詞》我幾乎都能背，從此我對詞更有了興趣。我最早學寫的詩是一九三八年或更前，那時我送同村唯一的一位自學的小朋友阿桐（正名鄧桐芳，也是一起種地的）到遠處去當學徒，我寫詩為他送別。這首詩很久我都能背誦，現在腦子裏只剩『五月君遠遊』和『簇上春蠶老，壟頭麥油油』三句了。我最早學填的詞是初中剛畢業的時候，記得是一九四二年的夏秋，我填了兩首《浪淘沙》，發表在無錫的報紙上，還有一篇散文《閒話蟋蟀》也是這時寫的，也發表在無錫的報紙上，我還存有剪報。『文革』時我不斷遭批鬭，就把剪報上我的名字和報紙的名字、時間都剪掉了，以免再遭批鬭，這樣兩首詞和一篇散文總算保存下來了。贈阿桐的那首詩和這兩首詞以及散文《閒話蟋蟀》可說是我最早的文字，那時我虛歲十六歲到二十歲。

一九四三年夏天，我考入無錫工業專科學校，我的國文老師是張潮象，別號雪巔詞客，是有名的詞人，當時他頭髮已白了。另一位國文老師是顧欽伯。顧老師是教另一班的課，但他住在校內，我是寄宿生，可以經常去看他。他是著名的詩人，他也喜歡我去看他。所以我在課堂上可以聽張老師的課，我在課外可請教顧老師。有一次，我把我失學後在家寫的送阿桐的那首詩寫給他看，他極口稱讚。張老師組織了『湖山詩社』，要我參加，並督促我交一首詩，我被逼只好勉強寫了《呈湖山詩社張、諸二公》，竟意想不到地得到了張老師的誇獎，並批了『清快，有詩才』的讚語。這算是我奉師命正式寫的第一首詩。以上這段經歷，就是我填詞寫詩的開始。

一九四六年春，我考入無錫國專，教詩的老師有俞鍾彥，別號白門老兵，還有馮振心，別號自然室主，著有《七言絕句作法舉隅》，教詞的是吳白匋老師。就在這年春天，我還專門拜錢仲聯先生為師，他贈我《八聲甘州》一首。王蘧常先生是當時的教務長，到一九四八年春，我又轉到上海聽王老師講《莊子》和諸子學，他與錢仲聯先生兩位是著名的『江南二仲』，都已詩名滿天下了，可惜王老師不開詩詞的課。上海無錫國專分校教詩的老師是陳小翠、朱大可、顧佛影，我的習作也得到了顧老師的稱讚。我特別喜歡填詞，陳小翠老師是著名的詞人，我帶了我的習作特地去向她請教，想不到竟得到她極為熱情的鼓勵。當時由王蘧常先生的介紹，我還去拜訪了龍沐勳（榆生）先生，他是當時詞壇的權威。龍先生因為我是由王蘧常先生介紹的，所以熱情地接見了我，談了很長的時間，還囑咐我再去，但我見他人很消瘦，胃病極嚴重，就沒有敢再去。在無錫國專時，我們還組織了『國風』詩社，刻印詩作和詞作，當時我與愛好詞的同學經常詩詞唱和，畢業時，我還填過一首《解連環》，贈送同班畢業的同學，得到不少依韻唱和之作。可惜幾十年來，我的少作都已散失，再加一場『文革』浩劫，『文革』前的詩詞早已蕩然無存了，幸虧胡家禔學長兄還保存着他的《解連環》次韻和作，差堪紀念。

一九四八年底我從無錫國專畢業，一九四九年四月二十三日上午，我即步行到無錫參加了解放軍，後又因形勢的需要，我被派到無錫市第一女中任政治課和語文課的老師，一年後纔脫去軍裝，轉入教學隊伍。到一九五四年八月，我又奉調到北京中國人民大學。從一九四九年到一九五四年八月，我忙於工作，一直沒有詩詞的創作。從一九五四年九月開始我又繼續了詩詞的寫作，可惜從這時起直到『文化大革命』，我十多年間創作的詩詞，還有我早年所有的創作，都毀於『文化大革命』了。現在集中有少許『文革』前的詩詞，是憑記憶回憶出來的，還有更早的是從無錫的報紙上查到的，但這已是一鱗半爪了。現在集中所收的詩詞，主要是『文革』以後直到現在的，共一千多首。

我在無錫國專，差不多每學期都聽詩詞課，且都是名家講的，朱東潤老師還專講杜詩，他還將他的詩作送給我。但我在課堂上聽到的都是解詩，而不是講詩法、詞法。王蘧常先生和錢仲聯先生，是鼎鼎大名的詩人，他們都是我終身難忘的恩師，但我卻沒有聽到他倆講詩。王蘧常先生給我改過詩，我題厲慧良的《長阪坡》，有兩句說『秋風匹馬長阪上，壓倒曹營百萬兵』。王老師把『壓倒』改為『氣壓』，使全句靈動了，我的『壓倒』太實，王老師的改筆既合理又渾成，這一字之改，令我終生難忘。錢仲聯師總是說我的詩詞好，從未批評我，寫信還總稱我『詩人』。特別是我為他的金像題的詩，明明是不合律的，但我又沒有能力把它改到合律，要改到合律，原來的句子就不能用。無奈我即寫信請教仲聯師，老師卻說詩很好，只是他不敢當。因為這首詩要刻在他的金像上，所以我特意到蘇州當面向先生請教，他卻說，不要以為合律的就是好詩，不合律就不算詩，有些合律的詩恰恰不能算詩。你這首詩，貴在自然，一氣呵成，沒有造作，所以不要去求合律，並要我把它刻在他的金像上。這一席話，也是老師對我的教導，但實際上這是更高的境界了，我哪里能做到這種境界？仲聯先生還稱讚我填的《賀新涼》詞，這是用老師的韻寫的。老師極稱這首詞，我明白這是老師鼓勵我，所以我從不敢與人談及。特別是老師癌症手術後一周，即堅持回家，以一日夜之力，寫一首七百字的長詩送給我，讚譽有加，我實在不敢當，所以從未示人。前些時候，編仲聯先生的詩詞集，編輯組一再託人來要這首詩，說這是先生最後的作品，你不能秘而不發，也不會有人說你借先生來誇耀自己，這樣我纔不得不抄給編輯組了。我提這些事，只是為了師恩難忘。至於我自己的詩詞總是寫得不能令人滿意，那是我的功力不夠，加上資質有限，這是我心裏明白的。

我從未出過詩集，也是為了審慎，也是因為我對自己的詩詞總覺不敢自信。現在我已到了暮年，實在應該把我的詩詞創作作一個總結了，這就是我這部《瓜飯樓詩詞草》的由來。

二〇〇九年六月六日夜十一時于瓜飯樓

瓜飯樓詩草

瓜飯老人馮其庸未是草

一九四三年（癸未）

呈湖山詩社張、諸二公

一九四三年秋

東林剩有草縱横。海内何人續舊盟。今日湖山重結社，振興絕學仗先生。

一九四七年（丁亥）

一九四七年春節後數日，前洲鎮東南數里，

送别張熙瑾學兄

春風幾日草青青。十里奉君到短亭。曉月一鞭人去遠，天涯何處不飄零。

一九四九年（己丑）

題電影《清宫秘史》　三月

少年意氣自豪雄。欲仗清才濟世窮。百日維新成幻夢，胭脂井對舊皇宫。

一九五四年（甲午）

休將　十月

休將往事苦思量。流水落花各自傷。照我姮娥人萬里，懷君詩句淚千行。夢因遠別深深苦，話自久違細細長。秋雨淒涼腸斷否，沈郎寬盡舊衣裳。

一別　十一月

一別故鄉三萬里，歸心常逐白雲飛。酒酣始覺舊朋少，夢冷正憐骨肉微。月上高城添瘦影，風來塞北薄秋衣。茫茫南國涼飆起，日暮高堂望子歸。

一九五七年（丁酉）

白石老人歌

天下奇才一阿長。百年又見老齊璜。畫蝦曾睹蝦鬚動，畫酒直覺酒生香。淩波菡萏蜻蜓立，帶雨牡丹粉蝶狂。種得芭蕉三兩本，秋來聽雨臥高堂。讀公山水別有境。落日一點蒼江冷。煙波淼淼片帆遠，古木森森古寺近。寺中有僧不讀佛，揮毫直寫蒼松影。聞公名姓二十年。欲拜門牆路萬千。我今來時公已去，獨對遺篇涕潸然。

得無錫沈紹祖兄來書問平安，詩以答之

浩浩長江水，悠悠隔兩京。夕陽鍾岳影，冷月夜窗情。魚雁久沉

寂，風雲一變更。何須問消息，冰雪故人心。

一九六四年（甲辰）

登終南山送燈臺　十月

群山簇簇兀斜陽。太乙峰高不可望。獨立蒼茫何所見，五陵紅紫大河黃。

一九六五年（乙巳）

三　秋　一九六五年春

三秋未獲故人書。春到滈河憶舊居。細雨槐香當日夢，滿庭月色尚如初。

馬河灘

一九六五年春

山圍水繞馬河灘。滿眼春光欲畫難。最是昨宵風雨後，桃花亂落碧谿間。

感事

一九六五年秋

一枝一葉自千秋。風雨縱橫入小樓。會與高人期物外，五千年事上心頭。

一九六六年（丙午）

感事 六月

千古文章定有知。烏臺今日已無詩。何妨海角天涯去，看盡驚濤起落時。

感事寄古津 六月

漫天風雨讀騷辭。正是衆芳搖落時。晚節莫嫌黃菊瘦，天南尚有故人思。

哭朱君

哭君歸去太匆匆。未必阮郎已路窮。絕世聰明千載恨，泰山一擲等輕鴻。

一九七〇年（庚戌）

三月一日，余自京來江西幹校，行前京中嚴寒，大雪盈尺，四望皆白。車過長江，則見薺麥青青，春在谿頭矣。車入江西，更見碧桃含苞，垂柳搖金，已是春滿谿山，喜而賦此。

半世浮名誤此身。今朝解羈踏征塵。冰天雪地方經過，桃李春風滿眼新。白髮偷閒初上鬢，丹心百煉見真醇。問君南下意何似，暫作江西社裏人。

雨中過渡頭吳家

濛濛煙雨水平沙。處處山村綠交加。何處春光濃於酒，谿邊花好是吳家。

即事

春到山村事事忙。點豆種菜又蒔秧。夜深忽報風雷急，防水護田上土岡。

初到貴谿

山城初到雨濛濛。一水西流竹徑通。滿眼風光何所見，群峰亂插碧波中。

五湖贈醫人巫君玉兄

薊門風雨與君同。湖海十年西復東。謠諑曾揮舊交淚，短箋每憶故人風。堂堂應向天涯在，落落何妨一壺中。細雨布帆彭澤路，五湖煙水恰相逢。

余江答嚴古津並示乙蒼侄

幾疊雲山相望中。一輪明月與君同。西風蕭瑟欺頭白，南菊飄零憶酒紅。殘虜百年皆北去，衣冠萬國盡朝東。關河四海俱風發，好與長天作勁松。

梁谿訪舊友汪海若不遇

不見故人又十秋。重來空對舊茶樓。夕陽蕭寺人漠漠，細雨龍山客悠悠。天地已迴春極目，關河無際莫搔頭。憑君試向崑崙望，滿眼紅旗是九州。

慶祝偉大的中國共產黨誕生五十周年

地覆天翻五十年。功歸領袖史無前。三山已掃歸天外，二霸待除入管弦。此日風雲亞非拉，他時霹靂美利堅。東君著意添春色，一曲凱歌到日邊。

一九七一年（辛亥）

余江幹校即事　五月

三年從事到江西。手植新桐與屋齊。門外青山列圖畫，屋前流水入梅谿。西崦日落錦為幔，東谷雲生玉作蜺。最是村南行不足，紅纓花映白沙堤。

自余江歸過無錫再至濱海訪汪海若

行遍天涯意未闌。又尋舊雨過淮安。十年浩劫驚初面，相對平生夢裏看。

一九七二年（壬子）

北京寄汪海若

小別於今又入春。聊將舊夢繞江濱。魚書寂寞三千里，望斷淮南一俊人。

眺望長天雁字來。葭聲濤影夢中迴。不知海角草堂外，幾樹梅花映雪開。

一九七三年（癸丑）

題汪海若畫墨牡丹

富貴風流絕世姿。沉香亭畔倚欄時。春宵一刻千金價，睡起未閑抹燕支。

題畫　七月五日

點點淋漓墨未濃。枝頭葉下影重重。黃蜂紫蝶漫歡喜，畫裏明珠澗底松。

題自畫葡萄　七月二十日

青藤一去有吳廬。傳到齊璜道已疎。昨夜山陰大雪後，依稀夢見醉僧書。

附古津寄來題畫葡萄詩　嚴古津

天工開物此雲腴。得共糟床注酒觚。萬劫風飆吹不落，青藤畫裏買明珠。

一九七四年（甲寅）

香山訪曹雪芹遺址

一月九日

千古文章未盡才。江山如此覓君來。斜陽古道煙村暮，何處青山是夜臺。

秋風紅樹舊庭園。剝落粉牆餘讛言。影裏蚓蛇誰寫得，依稀猶識抗風軒。

窮途落拓到山村。青眼高歌有二敦。呵筆問天天欲墮，滿庭黃葉閉柴門。

此三詩為一九七三年秋天作，未記日期，日記上記在一月九日，故暫寫於此。

古津贈詩 三首

五月十九日　嚴古津

北雁南來書幾行。多君助我富文房。平生頗識江湖味，他日扁舟載筆牀。

渭北江東情有餘，時修尺素問何如。百年多病吾衰矣，一笑平生拙筆書。拙筆書，出《南齊書·王僧虔傳》。

春風竹裏漾輕煙。團月何曾活火煎。老去方知味無味，年持一勺故山泉。

陰曆三月十五日，獨游惠山，試第二泉口占。

夏承燾先生贈詩

五月二十日　夏承燾

百年駒隙黯精魂。半夜兵權語吐吞。說與玉田應不解，陳橋驛下有詞源。

首句又改為『九重心事共誰論』。此詞蓋因予所作《論北宋前期兩種不同的詞風》而作，後夏先生親為我言之。

蘇局仙老人贈詩 九月二十七日 蘇局仙

寫生到此窮而變，揮灑淋漓任性情。墨色淺濃稱物理，純青火候見分明。

一九七五年（乙卯）

題倪小迂先生畫峨嵋寫生冊 四首

夢想峨嵋四十年。名山好去坐無錢。忽然一夜春風手，置我青山綠水前。
峨眉山色翠重重。雲氣空濛雨意濃。欲把瘦藤從此去，卻言身在畫圖中。
雲林筆墨舊家風。點畫皴烘自不同。造化為師那有法，千山萬水在胸中。
不接高風已十年。風流人物憶蘇仙。誰知長夜相思處，卻在五湖煙水邊。

惠山與小迂先生茗話留別

九龍秋老二泉寒。曾共髯翁把臂看。空叫滿山明月在，翁歸陀里我長安。

哭古津　二月十三日

卻怪郵人傳噩耗，不疑蝶夢便為真。眼前景物依然在，遙望故山忒愴神。

旬前遺我新書在，邀我笑語作燠溫。不待春回風雨急，噩耗電報在三春早上冒雨送至，距君歿僅一周。斷腸消息到柴門。

生離死別續相催。未見故人入夢來。彼地彼蒼何足恨，斯人斯事實堪哀。

三十六年事已非。予與君同庚二十一歲為訂交之始，至今三十六年矣。夜吟對榻夢依稀。一場大夢君先覺，我猶夢中淚沾衣。

一九七六年（丙辰）

哭周總理

一月十一日

和墨和淚寫葡萄。淚珠墨珠一齊拋。畫成總覺無顏色，江山日月慘懷抱。

丙辰新正十三日，初得快雪，其庸同志再過寒齋，賦律句奉贈

周汝昌

二月十四日

試燈風峭輾瓊瑤。路轉東華興最豪。舊棹曾憐寒詣戴，新春欣喜快談曹。卅年一字名誰定，有數氏撰文每反考宣之義。六世千紛事豈

淆。謂世選逮芹種種情事也。赤水玄珠良未遠，久遲高手出驪濤。

悼古津　十二月

小樓猶記識君時。落落風儀似牧之。卅載交親秦塞月，一編遺墨楚人詞。豈知春去成長別，但覺秋來淚暗滋。遙想江鄉煙雨處，吟魂又過青山祠。

屺瞻老人蘭石歌　十二月

平生傾倒濟道人。畫石畫蘭皆入神。嶙峋骨突隨意寫，離披縱橫得其真。此翁一去五百載，寂寞空山秋復春。昨夜尹君持縑來，謂是屺堂新墨本。開卷瑟瑟清風起，滿室生香氣氤氳。蘭葉葳蕤自生光，磐磐巨石遺混沌。我謂尹君君知否，此是珍物慎勿損。當年靈均楚澤畔，亦曾滋蘭之九畹。一從沈淪湘水後，遺蹤千載竟潛遁。今君得此真不易，屺翁巨筆費搜尋。君聞此言重再拜，掩卷猶覺鬱森森。我對此圖長太息。欲求生綃十萬尺。拜上天南屺瞻叟，畫取湘江蘭竹石。

一九七九年（己未）

贈海上蘇局仙老人　二月

局仙老翁九十六。尚運兔毫噴霜竹。世上豈無謫仙人，此翁便是髯蘇復。

聞公名姓十三年。三到申江未結緣。若識春風雲水路，欲從海上拜蘇仙。

悼念邵荃麟同志　九月十九日

四海春回日，淒涼哭子時。艱難奮直筆，世危識真知。風雨傷寥落，芳林剩幾枝。凜凜風骨在，千載令人思。

一九八〇年（庚申）

贈頓立夫　三月

鐵筆縱横六十年。千秋心脈一線傳。絶品頓老好刀法，細字銀絲入毫巔。

參加美國威斯康辛大學《紅樓夢》國際學術研討會，歸程機中口占　六月

暫上西天喜重回。夢多湖畔勝會開。多情詞客如相問，也是青埂峰下來。

與君萬里喜同行。一話芹溪意氣生。二百年來多少事，話到情深忘夜深。

題京劇《李慧娘》　十一月一日

銷魂一曲李慧娘。多少才人已斷腸。今日紅梅開未易，一枝擷取作心香。

千秋浩劫暗京塵。一曲紅梅耳暫明。演到情深意切處，滿坐清淚落紛紛。

十年舊事已成塵。又見紅梅一曲新。地下欲問孟夫子，九原可教起忠魂。

一九八一年（辛酉）

題《竹林聽泉圖》

在舊金山為畫家侯北人兄題，共五首。

平生愛着遊山屐，五嶽三山側帽看。今日登君畫堂上，千金直欲買范寬。

題《山行圖》

神州夢繞幾千回。紅樹青巒信手栽。拂拭素箋看仔細，家山儘是舊莓苔。

題《秋山圖》

飄蓬萬里到天西。芒屐青衫老布衣。袖裏問君何所有？故園一片好山谿。

題《華嶽圖》

華岳擎天捴一柱。蓮峰壁立萬尋姿。憑君欲問誰家法，不是雲林是大癡。

題《灕江山水》

張大千先生題侯北人兄畫，侯兄屬予續題。

夢想千翁四十年。忽從畫裏識神仙。灘江我昔輕舟去，恰入侯公蟬翼箋。

題蘇東天畫墨竹長卷

七月十七日

與可畫竹有成竹。東坡居士食無肉。興到揮毫取燈影，風動鳳尾森簌簌。與可曾傳篔簹谷。至今士林重金玉。東坡亦有此君圖，流向域外何處索。今見蘇君作長卷，慰我長年久寂寞。空谷幽蘭亦多情，望美人兮天之角。

題周懷民先生作北戴河山水

七月

長空萬里送高吟。一水盈盈見日生。獨立蒼茫何所見，風波遠去接潮平。

題周懷老畫老龍頭　七月

神龍入海吞蒼茫。巨尾搖搖萬里長。請看卧龍今躍起，九天風雨任翱翔。

贈趙榮琛　十二月十一日在加州史坦福大學

異國相逢舊知音。蕭蕭華髮我與君。斷腸一曲荒山淚，絕勝陽關第四聲。

御風我亦到天西。邂逅蓬萊弱水蹊。今日聆君一席話，落花似雪草萋萋。

猶記程公粉墨姿。新聲一曲動京師。逝川不盡堂堂去，卻喜遺音出海時。

繞梁百轉有餘絲。舉世風魔程派詞。今日聽君歌一曲，故園正是落花時。

陽關唱罷水東流。重約京華北海頭。君到故園應佇我，一樽卻話加州秋。

一九八二年（壬戌）

題老友陳從周畫蘭，上有百七老人蘇局仙題句

梓翁墨妙逞風流。蘇老詩書更上頭。我欲揮毫慚斗膽，白雲黃鶴兩悠悠。

尋夢

五月八日

尋夢到揚州。煙花四月稠。荒園撫殘石，廢寺仰層樓。風流當日

事，淒斷百年愁。古今情不盡，大江日夜流。

黄山題劉海老畫 八月十日

雲海蒼茫寄此身。縱横今古感微塵。任他歲月堂堂去，喜見江山日日新。

黄山歌 八月十三日

一九八二年七月三十日，予承安徽省政協文化組、中國作協安徽分會之邀赴合肥訪問，晤魏心一、賴少其、朱澤諸同志。越日，訪少其同志於稻香樓，見其所作巨幅山水，千岩競秀，萬壑爭流，筆陣縱横，莫可與京，置身其間，如在萬峰中也。八月三日，赴黄山，留宿涇縣，試宣、徽二筆廠之兔毫，復至小嶺紙廠試宣紙。四日，抵黄山，同行者有袁廉民、劉祖慈、王少石三君。五日晨冒雨登山，午後雨止，登天都峰最高處，四顧蒼茫，身在雲海中也。是夕，宿玉屏樓。六日登蓮花峰頂，俯瞰群山，皆躬身如朝蓮峰。復歷百步雲梯，經鼇魚峰、平天矼至西海，觀西海群峰之飄緲隱現、出沒無常，古松聳翠，群峰羅列，幾不忍別。是晚宿北海散花精舍，面對後山諸景，俯視散花塢，右攬始信峰，左攀獅子峰，山色煙霞，皆入予懷袖中矣。八日下山，因知劉海老已抵黄山，宿予對面之小白樓，中隔桃花谿。是夕，由徐永萬同志導予往訪，同去者袁廉民、王少石。予與海老別已三年，不意竟在黄山相遇。海老留予再宿三日，欲共作畫，予以事迫，不可久留，乃定明日離黄回南京。瀕行，車出故障，復值故人吕秋山強留，不得已，再留一日，因循桃花谿遊虎頭岩，覓鳴弦泉，歸途折至桃源亭，恰值海老在亭中揮毫，潑墨畫天都峰畢，見予至相顧大笑，屬予題記，因為題詩而別。憶予游黄，今已第五回矣，山靈當以我為故人也。十一日至南京，十三日自南京赴宿州。車中岑寂，因試為長歌，口吟默識，不復依韻，求其順口達意而已，固不必以詩目之也。

我夢黄山五十年。黄山夢我亦當然。畫圖幾識春風面，文字曾參筆底禪。我昔曾見梅瞿山。遺貌取神棄俗眼。嶙峋突兀清到骨，秀出天外兩峰間。古松蟠屈如卧龍，欲待雲雨飛上天。此老精神元不死，妙筆長留後人參。又有山僧名石濤，元氣淋漓筆如椽。縱横捭闔不可擋，變幻莫測如雲煙。我昔見其山水幛，懸之壁間氣森然。此畫至今不能忘，閉目如對山人顔。又復見其湯池圖，吟詩欲上蓮峰巔。此翁一去五百載，巨名長令後人憐。近代畫黄欲數誰，舉世皆知黄黄山。賓老用筆如錐沙，瘦硬乾枯透紙背。墨色黝然深且秀，此境得之晨夕間。世人看山取皮毛，欲賞黄畫難更難。豈知山靈現神處，正在雨後夕照清風明月間。虹叟看山九十載，得此真意誠難哉。可惜世人都不識，令人千載發浩歎。當今畫黃誰第一，毗陵老人劉海粟。九上黃山氣如虹。巨筆掃出天都峰。潑墨潑彩皆隨意，筆墨已同造化工。最難風雨雷電日，此老竟在最高峰。鋪紙揮毫和雨點，煙雲飛入畫圖中。忽見虬龍欲騰去，卻是海老走筆潑墨所畫之古松。我對此老欽且佩，縱橫今古無與對。千年育秀誰之功，自是黃山七十二奇峰。我今游黃第五回，冒雨直上鯽魚背。天公憐我癡且頑，頓開笑顏掃陰霾。蓮峰露出半面妝，耕耘、玉屏肅相待。四顧茫茫皆雲海，忽然身在飄渺間。次日復登蓮花峰，極目欲盡東海東。蒼山萬重皆錦繡，青天削出瘦芙蓉。遊山歸過桃源亭。忽逢海翁作煙雲。清風故人不期遇，相視而笑莫逆心。海翁命我題新圖。揮毫我亦膽氣粗。題罷擲筆仰天笑，世間癡人翁與我。千載此會難再得。惟恐天風海雨吹去無蹤跡。歸來濡墨不暇思。走筆吟此黄山詩。憶昔米顛只拜石，我與海老卻拜山。願乞海翁如椽筆，畫取雙癡拜山圖，留此驚世駭俗之奇跡。

一九八二年八月十三日金陵赴宿州車中口吟

題花果山 十一月二十日在雲臺山

名山自有補天石，只在松根野草邊。矗立蒼茫人不識，祗緣墮世已千年。

一九八三年（癸亥）

鄧尉訪吴梅村墓未得 十月十六日

飄蓬萬里覓君墳。百樹梅花對舊村。切切猶聞湖水咽，茫茫何處著吟魂。

鄧尉高家前訪得梅村墓，墓已被毀，尚存墓基，在萬樹梅花叢中　十二月二日

天荒地老一詩翁。獨立蒼茫哭路窮。千古艱難唯一死，傷心豈獨屬婁東。

一九八四年（甲子）

贈侯北人大兄　七月二日

三十年來故國心。淋漓水墨入丹青。看山總覺家山好，入耳動心是鄉音。壁立眾峰原舊識，參天萬木皆親鄰。今朝筆意縱橫處，聊作

孟生遊子吟。

一九八五年（乙丑）

瞿塘石歌

元旦夜十二時

一九八四年三月二十五日，予率研究生李嵐、徐匋、譚青、管士光外出作學術調查，歷濟、泰、鄒、魯至南京，訪六朝遺跡，四月十五日去武漢，二十日至荊州，訪紀南城遺址，蓋即楚之郢都，亦即屈原《哀郢》之『郢』也。屈子《離騷》，光照日月，衣被千載，百世而下，予尚能得其蹤跡，徜徉其故城，不勝低徊留戀之感。二十五日至宜昌，參觀葛州壩，遊三遊洞。晚登輪去奉節，即古夔州也。二十六日，竟日行三峽中，兩目幾不暇給。時值暮春，夾岸山色如青螺，如翠黛，恍如置身於畫圖中矣。薄暮抵奉節，留五日，遍訪杜甫所居地，登白帝城，探瞿塘峽之險，睹灩澦堆之遺跡，復環奉節沿江城堞，其南門今仍曰『依斗門』，蓋取杜甫『每依北斗望京華』句意也。在夔識胡煥章君，胡君治杜詩甚細。復識三峽樹雕作者魏靖宇君，承贈樹雕二件，及瞿塘石兩品，其一出自八陣圖內，其一則出自瞿塘峽中。予觀其勢嶙峋，其狀詭怪，如經鬼斧神工。因念此石實造化之所遺而世人之所棄也，感而為長歌，以抒積懷云爾。

一九八五年元旦之夕，其庸補記於京西賓館中國作家協會第四次會員代表大會會所。

魏生遺我瞿塘石，色似青銅聲如鐵。叩之能作古鐘鳴，以手摩挲瘢千結。我昔三過瞿塘門，雙崖壁立半入雲。晝無日色夜無月，唯覺天風海雨挾鬼神。仰視懸崖幾欲倒，怪獸下撲勢齧人。對此不覺心膽裂，輕舟如箭猶嫌鈍。俯視雪浪如山立，奔騰萬馬作堅陣。忽然怒吼陣脚亂，巨浪搏擊雙崖根。崖根怪石如蹲虎，或起或伏狀猙獰。雪浪過處萬頭動，咆哮如雷裂夔門。我幸輕舟疾如電，倏忽已過白帝城。回看雙崖合一綫，驚定猶有未歸魂。昔聞太古之初衆水西來會瞿塘，一山横截難東行。千村萬落成澤國，蛟龍魚鱉皆相慶。忽然大禹經此過，一斧劈開瞿塘門，群山見之駭目驚心皆辟易，從此大江東去奔騰澎湃萬里無阻梗。當年大禹斧鑿處，遺跡斑斑尚可尋。君不見瞿塘峽口灩澦堆，乃是禹斧濺落之遺痕。我今得此瞿塘石，捫挲拂拭貴奇珍。忽睹石上瘢痕處，隱隱尚可辨斧斤。始知此石亦是神禹之所遺，今我何幸得此億萬斯年之奇品。只恐俗世難久留，夜深還作蛟龍遁。

一九八四年八月十五日夜一時半
一九八五年元旦之夜十二時改定

題侯北人《雁蕩山圖》

不到雁蕩二十春。瀧湫飛瀑夢中尋。雁湖好水連天碧，收拾芒鞋上謝亭。

題西湖

一月二十五日

西湖真好要題詩。柳陌荷塘月上遲。一片萋迷芳草渡，闌珊人影憶當時。小閣曾經聽雨來。滿川風雨失樓臺。輸他湖上東坡老，入眼煙雲妙剪裁。

題孤山早梅

自從嫁與林和靖，只住孤山淺水前。雖有暗香人未識，為因蜂蝶太無邊。

過長沙

洞庭木落楚天秋。湘水滔滔故國愁。我欲一杯酬屈子，詩人終古屬潭州。

過洞庭湖遠望君山 二首

平生未到岳陽樓。望裏君山只卧遊。卻怪涪州黄別駕，看山猶説不浮漚。

滿川風雨倚欄時。正憶涪翁絕妙詞。萬死投荒供一笑，人間畢竟要好詩。

題水滸　一月二十五日

英雄歸水滸，壯志託龍泉。四海蜩螗日，乾坤浩氣傳。

故園　三月八日

三十年前判別時。故園桃李未芳菲。如今重踏湖山路，飛絮落花滿布衣。

《石頭記》列藏本歸京，李一氓丈詩來祝賀，敬步李老原韻　四月一日

世事從來假復真。大千俱是夢中人。一燈如豆拋紅淚，百口飄零繫紫城。寶玉通靈歸故國，奇書不脛出都門。小生也是多情者，白酒三杯吊舊村。

附李一氓文原玉　李一氓

淚墨淋漓假亦真。紅樓夢覺過來人。瓦燈殘醉傳雙玉，鼓擔新鈔叫九城。價重一時傾域外，冰封萬里識家門。老夫無意評脂硯，先告西山黃葉村。

附周汝昌和詩　周汝昌

奉和氓老新篇，蓋因蘇藏《石頭記》古鈔付印有期而志吾喜也，效原倡真元兩韻合用體，用韻而非步韻也。

烘假誰知是託真。世間多少隔靴人。硯深研血情何痛，目遠飛鴻筆至神。萬里煙霞憐進影，一航冰雪動精魂。迷埃蕩盡功無量，喜和瑶章語愧村。

柬汪海若

童稚情親四十春。相逢一笑即前因。他年莫負湖煙約，猶是靈山會裏人。

屺瞻老人歌

婁東畫師朱屺翁。雪顛霜鬓顏似童。有筆如椽繪天地，有墨如海戲蒼龍。畫師知己數齊璜。姓名早上寄萍堂。七十石印論交久，梅花一卷寄心芳。艱難時世丁丑年。社稷妖氛天地纏。志士仁人血成海，六億黎元沸鼎煎。畫師對此吞聲哭。誓將清節礪修竹。萬里馳書借山翁，勒之金石矢幽獨。是時寇氛熾且殷。山河半壁已沉淪。白茆瀏河陷賊手，草堂梅樹摧作薪。畫師飄零到滬瀆。避居南市市之角。陋室三間遮風雨，百本子梅草堂續。畫友鄰曲時時來，共話時世傷心目。瘡痍滿眼民困矣，奈何不見山河復。霹靂一聲天地驚。捷報飛過石頭城。元兇授首國賊死，普天同光萬民慶。最喜故人天上來。八五齊翁真壯哉。筆墨已令鬼神泣，懷抱復向真士開。從此剪燭西窗下，淞濱夜話共幾回。我識屺翁丁巳秋。拄杖同上雄關頭。四圍青山入懷抱。一關殘陽為我留。登臨縱目生感慨，俯仰古今亦何有。長城萬里人安在，富貴於我如蜉蝣。又曾攜杖到山村。為尋故侯曹雪芹。古樹空村山寂寂，何處荒原有詩靈。歸來撫几長太息，孤村高城有畫魂。去歲翁年九十三。御風飛到舊金山。萬里重洋飄然過，古來列子亦為難。彼邦人士乍見之，疑是神仙入夢思。及見揮毫挾風雨，始識眼前老畫師。我與屺翁相識久，杖履追隨得優遊。得之於心寓之目，萬壑千岩見一丘。翁之畫參造化多。元氣淋漓是所求。杜子篇終接渾茫，韓子纖雲天無河。兩者皆難不可得，我於翁畫見之稠。要之天地造化在，翁畫與之共長久。

一九八五年七月二十五日，予自大同遊雲岡、五臺、恒嶽而歸。車中暑不可耐，乃口吟此歌，默而識之，至北京站，適成全篇，歸來急記之，亦如東坡所云若追亡逋也。同遊者，除菉涓外，有梁恒正、許建設、沈子廉、韋江凡、時雨梅、于洪祥八人。

七月二十五日晚十時十分記於瓜飯樓中

畫中八友歌

八月四日

京中書畫家蕭勞、周懷民、黄苗子、許麐廬、秦嶺雲、潘素、盧光照、王遐舉等八人為八友畫展，因效杜工部體作《畫中八友歌》，聊記一時之盛而已。

蕭書瘦勁似修竹。臨風瀟灑筋勝肉。王書點劃生波磔。力透紙背韻勝絶。縱横更推苗子書。濃淡乾枯皆由之。以字作畫畫亦字，無怪世人迷如癡。山水獨絶周懷老。馬遠夏珪信筆掃。雲生於山波生水，看畫卻比看山好。平生最愛廖翁畫。縱筆蕭疏無所戒。超以象外得其神，一尺翁畫千金價。水墨淋漓秦嶺翁。蒼茫渾樸亦空濛。看畫頓覺翠掃空。籬豆花開是盧老。信手揮灑隨意好。有筆快如并州刀。剪取秋光入畫稿。古雅獨絶是潘公。一幅煙雨見惠崇。颯颯堂上松風起，不覺身在畫圖中。

中秋前一日，侯克捷君招遊北武當山

一

天下名山第一流。風華三晉屬龍頭。至今淪落煙雲外，紅葉漫山相對愁。

二

列國周遊今到此，名山始覺識荊遲。多虧九節仙人杖，看盡風光落照時。

三

幽谷丁丁鑿石工。天梯直上接蒼穹。如今始識五丁力，雲外仙山有路通。

題淝水之戰古戰場

斷流投策氣何熏。淝水愁逢草木兵。今日八公山下過，令人常憶謝將軍。

哭姚遷　八月六日

一

十年相識石頭城。一夕匆忙萬里行。我到金城驚惡報，君羈白下遭鬼傾。蒼天自信非無眼，地獄豈知反有情。欲向窮途尋阮籍，為何阡陌舊縱横。

二

半世交親茶一樽。論文每到月黄昏。六朝文物歸書冊，八代精英聚白門。豈有文章成大獄，從來寒士只毛存。撫膺我欲高聲哭，地下恐驚屈子魂。

三

十月涼風故國秋。殷勤感子說紅樓。九州才士會虎踞，一部雄文到石頭。誰料風雲龍虎日，竟成鬼蜮伺人侯。長天遥奠三杯酒，不信元兇不繫囚。

四

八月四日天地春。驚雷忽報誅佞臣。奇冤千古終須白，大獄豈容久沉淪。自有乾坤正氣在，何妨肝膽獨輪囷。神州豪傑今堪望，欲起冤魂與共論。

讀龐瑞垠所作《姚遷之死》有感

萬里開君一卷書。悲懷我自憶當初。江頭已織天羅網，塞上還飛地獄符。筆有千鈞冤得白，心惟一寸赤于朱。大招讀罷同聲哭，地下冤魂稍慰無。

觀劉鐵平書法展覽

梁谿書家劉鐵平。秦篆漢隸妙入神。狂草欲追懷素僧。筆陣縱橫似劍陣。真書欲傍顏真卿，平生百拜浯谿銘。更濡巨筆作鼓文，屈曲變幻如春蚓。揭來槖筆走燕趙。胸有江山氣自豪。素縑巨軸張孔廡，熠熠墨華生光耀。我與劉君久相識。退筆成塚池成墨。勸君更作汗漫遊，流沙崑崙兩奇絕。須識書道通造化，要取天地正氣入毫末。

自黔至湘，山行所見 兩首

十月

一路看山到米家。青螺十萬盡輕紗。嬋娟不是羞人面，舞罷霓裳髻子斜。

山迴路轉翠重重。撲面青葱十二峰。今代畫師誰國手，丹青潑向黔西東。

貴陽一九八五年全國《紅樓夢》學術討論會感賦

十月十七日

萬里長風到筑城。青山綠水處處春。更添一部紅樓夢，千載風流說後人。

塞北天南萬里程。紅樓一卷細論評。金釵十二從頭說，恨不九泉起雪芹。

天公着意接佳賓。十月麗陽貴似金。多感山城賢地主，殷勤醉我鴨谿春。

題貴州省京劇團盧小玉主演《紅樓二尤》

一曲紅樓腸斷聲。二尤身世最酸辛。古來多少寒門女，半是鴛鴦劍下人。

鶯聲嚦嚦意還新。前後二尤稱絕倫。最是吞金橫劍處，滿堂清淚落紛紛。

題織金打雞洞

十月二十日

玉樹瓊枝別有天。非虛非幻亦非煙。分明月裏廣寒殿，移到黔南第幾年。

舞陽渡口贈別

十月二十四日

千里感君送我行。舞陽水色碧如春。多謝渡口三杯酒，此去天涯好自珍。

江陵紀遊

十二月二十二日

癸亥（一九八三年）四月二十日至二十四日，予在江陵，與李嵐、徐甸、管士光同遊紀南城，觀郢都之遺址，此即楚大夫屈原所哀之故城也。其毀距今已二千二百六十一年矣，予低徊其間，誦《離騷》、《哀郢》諸篇，不勝今昔之感，時因事促，未有吟詠。今忽得江陵縣委來書索詩。予正南行，因于京滬車中口占五絕。

江上荒城故國哀。千年又吊屈原來。懷王失道進群小，空負先生百世才。

經天日月是離騷。山鬼哀啼起怒濤。我到江陵更憯惻，依稀猶見郢城高。

荒草離離舊郢城。高行千載拜先生。榮華富貴當年事，哀郢一篇萬古情。

多才惟楚復多兵。四海何愁一暴秦。只恨懷王憒憒甚，直臣不用用讒臣。

百代風流在楚多。虞兮歌接大風歌。請君百尺高樓望，壯氣依然滿山河。

乙丑十二月廿九夜觀梨園戲口占

南國風流一樹花。梨園初見半枝斜。依稀疑是開元曲，古調究竟屬那家。

絕世風流李亞仙。一枝花發已千年。春來南國花先放，為送陽和到日邊。

一九八六年（丙寅）

贈金庸　二月十一日

千奇百怪集君腸。巨筆如椽挾雪霜。世路崎嶇難走馬，人情反復易亡羊。英雄事業春千斛，烈士豪情劍一雙。誰謂窮途無俠筆，依然青史要評量。

題壽縣元康元年磚　二月十六日

古甓元康實可珍。真行點畫見精神。蘭亭六十年前事，誰道王書不是真。

此元康元年磚也。元康為西晉司馬氏代魏後第二十七年，是年正月至三月為永豐，三月改元元康，下距東晉永和九年王逸少作蘭亭禊序六十二年，此磚書法真行結合，並稍存隸意，可與馬鞍山出土東晉磚同參，再參亳縣曹氏墓字磚，則蘭亭為王書真筆無疑矣。故此磚可寶也。

丙寅歲朝並識于京華寬堂

贈柯文輝

二月二十日

飄然來去一真仙。何處春江抱月眠。把筆不知年月日，欲尋蹤跡問雲煙。

題關良先生新作《挑簾圖》

五月作於上海

罵名千載屬金蓮。妙手新翻水滸傳。更借良翁椽大筆，紅蕖洗出更嬌妍。

贈袁世海

逝水流年四十春。蘆蕩又見舊時人。張飛不與人共老，喝退周郎十萬兵。

贈厲慧良

一

二十年來不見君。依然蜀漢上將軍。秋風匹馬長阪上，氣壓曹營百萬兵。

二

豪氣多君猶似雲。沙場百戰見精神。當陽橋下秋風急，躍馬橫槍第一人。

三

熟讀春秋意氣高。漢津渡口待爾曹。莫愁前路風波險，自有青龍偃月刀。

哭高海庚　五月

一春未得君消息，噩耗初聞涕滿裳。停箸凄然難下嚥，為君雙淚滴深觴。

哈爾濱國際《紅樓夢》研討盛會，群賢畢至，妙義紛呈，感賦古體詩三章，敬呈與會諸公郢正

一

大哉紅樓夢，浩蕩若巨川。眾賢欣畢集，再論一千年。

二

鬱鬱壘塊恨，悽愴木石緣。此情豈有極，萬古作心傳。

三

赫赫如椽筆，古今得幾人。青史三千載，唯有曹雪芹。

丙寅六月，哈爾濱國際《紅樓夢》研討會，省委宴請與會代表，即席口占

江城兩度話紅樓。四海佳賓共一甌。多謝殷勤東道主，百年還憶故曹侯。

題陳愛蓮主演林黛玉、賈寶玉夜讀西廂舞蹈有感

紅樓一曲斷腸聲。難得陳蓮解意人。舞到西廂賞曲處，兩情真個是

卿卿。
妙步輕旋似落花。羅衣飄颺即天涯。纖腰那更臨風舞，春雨梨花一樹斜。

題劉巨宅畫《黃葉村醉酒圖》

黃葉村中一醉侯。千杯吸盡未消愁。腰間更有如椽筆，寫出古今天地秋。

題徐霞客

捫壁攀藤十萬峰。波瀾壯闊此行蹤。河源尋得歸來日，兩袖煙霞一瘦筇。
踏遍江湖千萬峰。胸中丘壑掃雷同。何人識得先生筆，只在蒼煙落照中。

東阿魚山吊曹子建墓

黃河一曲水東流。八斗才高半土丘。我到魚山心悵觸，詩人終古一窮囚。

一九八六年八月十七日訪垓下古戰場，十八日至和縣烏江，訪項王廟，十九日宿烏江旅舍，時酷暑，月色皎然如白晝，夜不能寐，月下賦此

一

叱吒風雲百世才。八千子弟過江來。可憐辜負重瞳子，不見神州要

獨裁。

二

兵圍垓下哭途窮。四面楚歌一笛風。空有烏騅千里馬，橫行不得過江東。

三

君王氣短妾情長。一曲悲歌欲斷腸。無可奈何花落去，惟將一劍報君王。

一九八六年八月十九日晨三時，大暑無眠，月夜憑欄書此，月明如白晝，展卷可以讀書，時在和州縣委招待所。

哭吳世昌先生

九月三日夜二時草，時聞噩耗後數小時也。

一

傳來噩耗忒心驚。夢幻迷離怕是真。忽憶春前同語笑，照人肝膽即先生。

二

高樓猶記識荊初。①披膽相傾各皎如。意氣由來重一諾，校紅七載未曾疎。②

三

從來世路最崎嶇。誤中穽羅喜螯蛛。自有文章光萬丈，千秋猶作夜光珠。

四

翰墨追隨老伏波。③紅壇尚欲仰琱戈。④誰知摧折南山樹，使我長宵淚似沱。

注①：『文革』前數年，先生曾枉顧，余居五層樓，先生竟爾攀登，蒙贈詩文，傾談移日，此情猶在目前。

注②：先生曾任《紅樓夢》校注組顧問，前後七年，未曾中輟。

注③：昔黄山谷自稱『翰墨場中老伏波』，意謂文壇老將也。

注④：琱戈，刻鏤之戈。

題天山瑤池

九月二十一日

群玉山頭見雪峰。瑤臺阿母已無蹤。天池留得秋波綠，疑是浮槎到月宫。

九月二十一日晚，訪唐北庭都護府故址，古城猶存，此即盛唐詩人岑參、封常清幕府所在地也，感而口占

荒城故壘尚依稀。想見嘉州寄語時。我亦故園東向望，漫漫長路接天迷。

題龜茲山水

九月二十七日

看盡龜茲十萬峰。始知五嶽也平庸。他年欲作徐霞客，走遍天西再向東。

地上仙宮五百闉。赤霞遥接北天門。平生看盡山千萬，不及龜茲一片雲。

九月廿八日游古龜茲克孜爾千佛洞夜不寐，枕上口占

流沙萬里到龜茲。佛國天西第幾支。古寺千相金剝落，奇峰亂插赤參差。曼歌妙舞歸何處，西去聖僧亦題辭。大漠輕車任奔逐，蒼茫唯見落暉遲。

哭故宮裱畫師劉，代周懷民

馬王堆出土漢墓帛畫，已碎成片作蝴蝶飛矣，經君妙手，竟完好如新，舉世皆驚其技。劉君予亦相識，並曾訪其居，快談盡日，惜未再晤也。

妙手回古春。鸞膠續圖新。從今天祿閣，長憶漢劉歆。

哭范鈞宏

一九八六年十月十一日夜一時，是晚接訃告。

一

萬里歸來接訃詞。驚心舊雨忽長辭。從今龍虎風雲日，都是梨園哭子時。

二

卅載相交未盡杯。知君心疾亦相哀。何期講學山莊去，竟是長行不再來。

三

哭君我亦自思量。多少才人已斷腸。正是春風時雨日，梨園那可失江郎。

聽遼寧省京劇團遲小秋唱探監，其行腔音色宛轉纏綿，寬厚頓挫，酷似硯翁，求之當世後起，誠為難得，因賦一絕　十月三十日

珠走玉盤鶯囀樹，哀猿啼切最高枝。探監一曲腸堪斷，疑是銷魂夢裏時。

奉贈錢眉叟小山仁丈　十一月八日

依然名老大家風。一字千金豈足崇。天上飛來真墨寶，人間應自貴騰龍。

十一月十六日，得柯文輝兄自廣西花山來信，述花山原始岩畫，為題一絕

南來消息一江秋。古壁花山惹夢遊。千載誰憑椽大筆，青嵐作紙畫神虬。

十一月廿七日至泉州，由吳捷秋、鄭國權兄導遊清源山，觀石刻老子巨像，口占二絕

清源嵐色翠重重。參罷瑞相第幾峰。我到泉山初識路，開元拜後拜猶龍。

清源山色鬱葱葱。紫氣南來有舊蹤。舉世何方非佛地，南天獨坐一真龍。

題廈門鼓浪嶼鄭成功故寨及海邊鄭成功巨像

十一月二十九日

江山萬古將軍寨，日月千秋國士風。留得乾坤正氣在，海潮夜夜拜英雄。

懷海上關良翁

忽聞病榻臥支離。苦憶淞江老畫師。書到應驅魔蜮退，試看筆底怒鍾馗。

悼關良先生

十二月八日夜

彩筆辛勤八十年。曲壇畫苑兩神仙。忽然一夜乘風去，只怪鍾馗要作傳。

題文物出版社三十周年

十二月十四日

歐陽之後趙歸來。文物精華入畫裁。千載人稱金石錄，君家事業繼高才。
三十年來事事新。秦坑漢墓世無倫。奇珍盡入珊瑚網，夜半燈前仔細論。

題秦始皇陵兵馬俑坑

十二月十四日

百萬雄兵六國平。詔書昨夜下郢城。至今嘖嘖驪山下，萬國衣冠拜一秦。

題瞿塘峽出天然石壺　十二月三十日

遺我天然一石壺。霜藤屈曲醉僧書。夜深忽覺詩情急，頻叩石壺問有無。

一九八七年（丁卯）

游肇慶七星岩，主人宴客於星湖松濤館，即席賦此　一月六日

星移斗轉落人間。風物妍於閬苑仙。山色湖光吾已醉，那堪更酌巴戟天。巴戟天，宴上名酒。

參觀端谿硯廠有題　一月七日

米老藏真有紫金。坡翁欲奪苦無因。襄陽妙帖傳天下，千載書林作秘珍。

丙寅除夕，看火花感懷　一月二十八日

火樹銀花不夜天。滿城爆竹是新年。兒童那解人遠去，猶泥慈親要歲錢。

丁卯四月廿五日枕上，題寒山樓主鄒葦澄畫展

寒山春雨響鳴泉。樓上高人夜不眠。半盞松明猶潑墨，故園一片好山川。

題蘭谿新建李笠翁芥子園　五月六日

顧曲精奇數笠翁。名園小築亦神工。只今移向蘭谿去，好品秋江一笛風。

永嘉尋謝靈運池上樓感賦　五月七日

池塘春草謝家詩。千載人稱絕妙詞。我到江城尋舊跡，春池草綠樓影移。

贈蘇淵老八十

相逢蘇老是詩仙。座上唯公酒似泉。人道公今正八十，我稱公是老青年。

題蘇淵雷老畫松

曾見揮毫畫古松。風雷未作已成龍。元無破壁神仙術，為有煙雲滿腹中。

徐州沛縣題歌風臺

大風歌罷意蒼涼。舉酒何堪酹國殤。天下縱然歸一統，人間何處覓岑彭。

題武梁祠石刻

平生傾倒武梁祠。萬里雲山夢見之。今日古碑親覿面，千年猶接漢威儀。

六月十三日，訪周傳瑛、張嫻夫婦，數十年不見，歡談竟日，歸後詩以贈之

論交猶是少年時。垂老相逢鬢已絲。四十年來風接雨，寒花幸在最高枝。

故交零落半秋雲。猶記張嫻一曲新。婉轉綢繆長生殿，梨花院落最銷魂。

雨中去河姆渡，歸途經四明山謁黄梨洲先生墓，墓在叢山萬竹中　六月十四日

琅玕十萬翠蔥蔥。中有盤盤蓋世翁。地解天崩當日語，人間萬古一真雄。

游慈谿上林湖口占　六月十五日

看竹何須問主人。滿山新綠碧生生。他年曾過山陰道，不及林湖十里程。

題《荔枝圖》贈天津戲劇博物館　丁卯大暑

梨園舊事已成塵。猶記嶺南一樹春。妃子笑時荔使到，霓裳一曲羽衣新。

題胡阿壽《夏熟圖》　八月十日

阿壽農民也，朴質少言而畫筆清逸，因為俚歌以志相識。

阿壽今年三十六。一幅楊梅紅且熟。樹下更有摘梅人，茜色羅衫卷雙足。意態優閑神情朗。具見衣食皆豐樂。吁嗟乎，近世畫工萬千多。只知夢見張與仇。阿壽畫筆迥且獨。自向農村寄所託。我識阿壽是俊人，畫史他年為君續。

懷侯北人大兄

九月八日淩晨枕上口占

一別秋風兩度吹。堂前老杏幾新枝。前身我是青門客，種得黃瓜贈故知。

贈孫毓敏

廿載久聞孫毓敏。真傳荀派得斯人。知名可惜差相識，夢裏曾聽玉堂春。

百花會上忽逢君。一曲紫釵欲斷魂。恨煞長安薄倖客，空傳絕句受降城。

陳從周兄修復上海豫園，為題玉玲瓏二絕

十一月二十九日晨枕上

一

名園難得擁雙峰。積玉堂前玉玲瓏。想像東坡老居士，平生不及陳梓翁。

二

可惜名園畫裏逢。千丘萬壑想陳翁。他年我若淞濱去，先拜東南第一峰。

一九八八年（戊辰）

題深圳東湖賓館　三月十五日

東湖一宿勝西湖。檻外青山列畫圖。最喜粼粼春水綠，扁舟獨往釣銀鱸。

贈王少石　四月六日

十年辛苦刻紅樓。一石磨成歷幾秋。獨有癡人王少石，大荒山下待曹侯。

明兩老人歌

小引

瑗仲王蘧常先生，予之師也。其書室曰『明兩廬』。予自丙戌歲拜先生於梁谿，翌年復負笈淞濱以就先生教。于時，先生為授諸子學。經歲，授《逍遙遊》未竟，餘者讀先生所著《諸子學派要詮》。而予于諸子之學，始得稍窺其大略。先生工詩，與常熟錢萼茗師並稱『江南二仲』。蓋萼茗師字仲聯也。惜予魯鈍，未得先生授詩學，然日侍先生之側，熏之陶之，亦深受教矣。回首往事，去今忽忽四十二載，每一追思，輒為神馳。今歲，吾師九十大壽。夫人生百歲，古今能幾？吾師乃臻此遐齡，豈非盛德之所致乎？乃不自顧其陋，為此長歌，少抒衷懷。高明之士，不必以詩視之，亦知其孺慕之意云爾。

戊辰春暮，寬堂馮其庸並記，時四月

十二日夜一時於京華瓜飯樓

先生有道出羲皇。先生有筆邁晉唐。我拜先生五湖畔，維時日寇初受降。明年負笈淞江瀆。絳帳新授諸子學。茫茫墜緒三千載，指點紛綸別清濁。仲尼論道貴在仁，孟軻前後踵相躅。曖曖春暄仁者言，縱橫捭闔波相逐。別有老聃一家説，獨倡自然排衆詠。非攻兼愛子墨子。有懷徒託空言耳。戰國紛紛強併弱，雖有仁義何所市。我愛莊生逍遥遊。至人無待得自由。姑射仙子冰雪姿，千載令人輕王侯。絳帳春風違已久，眼看白日去悠悠。四十年間如過隙，公登大耄我白頭。憶昔侍講梁谿濱。先生揮筆取長鯨。退毫宛對陸平原，新穎初發王右軍。如今老筆更紛披。散盤爨碑信手而。隸書直過張與曹，正書相看上下碑。吁嗟乎！書道久已歎淩替，世人不識王羲之。作字無求點與劃，但教小兒學畫蛇。我侍先生四十年。直節堂堂氣摩天。吟詩曾教鬼神泣，著書積稿埋雙肩。至今仍好作榜書，揮毫猶如掃雲煙。我頌先生壽而康，為留正氣滿坤乾。

新加坡周穎南兄屬題其友人秀廷畫達摩像 四月十五日

少林石壁有遺痕。飛錫雁山何處村。為問禪師東渡後，袈裟收得幾靈根。

題牛生刻人像章 四月二十日

鐵筆丹青幾十年。後來誰與子爭先。秦金漢石知多少，擷古開新別有天。

題京中舉辦無錫市書畫展

五月十三日清晨

故園山色久相違。每見青螺憶翠微。難得諸公椽大筆，五湖煙水到京畿。

梅園月色蠡湖水，纔到春來動別情。那禁滿堂風與月。鄉思如酒醉離人。

題林黛玉

五月十七日

花魂不是是詩魂。點點湘江舊淚痕。冷月孤芳清到骨，前身合是楚靈均。

題香菱

靈犀一點通詩心。卿本靈山會上人。悟到依依墟裏語，千金好句夢中尋。

贈陽羨壺師顧景舟

五月末

百代壺公第一流。荊谿夜月憶當頭。何時乞得曼生筆，細雨春寒上小舟。

自題瓜飯樓壺

一九八八年六月二日夜寧京車中不寐口占

憶昔饑寒時。此君最相知。轉眼一甲子，秋風動故思。為倩寒碧居，鑄君黃金姿。更歷千萬劫，長毋相棄離。

題《宜興紫砂》圖册

天下名壺第一流。曼生老供顧景舟。世間尤物真難得，一卷晴窗眼底收。

我到荊谿第幾回。論壺常共顧翁杯。江山代有才人出，又見群英濟濟來。

題新加坡樓外樓酒家　六月十八日

海外欣逢樓外樓。依然風物似杭州。世人皆説醋魚美，更有牛排在上頭。

自題潑墨葡萄　七月十五日

滿紙煙雲認不真。是藤是葛是荊榛。老夫不是丹青手，為有胸中逸氣生。

戊辰春日，陽羨壺會贈顧景舟

彈指論交四十年。紫泥一握玉生煙。幾回夜雨烹春茗，話到滄桑欲曙天。

題石壺畫展

八月十九日

窮途落拓老畫師。胸中丘壑幾人知。可憐一管生花筆，待到花開已太遲。

淡寫輕描真畫師。青藤八大定無疑。數峰天外橫蒼翠，更着石谿上峨嵋。

題金桂琴摹吴道子《天王送子圖》 八月二十日

道子寶圖久已仙。世間真跡渺雲煙。摩挲老眼看金本，離合神光送子天。

題劉海老十上黄山畫展 九月十三日

黄嶽歸來兩袖雲。人間一笑太紛紛。多公又奮如椽筆，揮灑清風滿乾坤。

十上黄山不老翁。九三猶自戰秋風。山靈應識神仙客，彩筆幾番寫險峰。

百歲海翁不老松。蓮花峰頂接蒼穹。低聲悄向青溟語，明日為君寫新容。

懷周寒碧　九月二十四日

長空萬里一輪圓。憶得荊谿寒碧仙。我欲乘風歸去也，庚桑洞外即藍田。

題申鳳梅舞臺生活五十年　九月二十九日

羽扇綸巾五十年。風流曾仰臥龍賢。過江一哭周郎後，申派孔明紅滿天。

往昔曾看天水關。臥龍風儀世無前。幾疑千百年之後，又見孔明落人間。

戊辰十月十三日訪賀蘭山下西夏王陵

獨立天西二百年。賀蘭山下塚巍然。至今留得遺文在，猶待時賢仔細研。

題揚州紅樓宴　十一月十四日

天下珍饈屬揚州。三套鴨子燴魚頭。紅樓昨夜開佳宴，饞煞九州饕餮侯。

一九八九年（己巳）

黃　河　一月十三日

為黃河碑林題

黃河一瀉萬斯年。閱盡滄桑世事遷。依舊滔滔東海去，還將波澤遺人間。

奉乞劉海老作《瓜飯樓校紅圖》

四月一日晨起

多公有筆大如椽。為乞紅樓夢斷篇。二百年來無敵手，海翁芹圃兩神仙。

題劉海老畫紅梅

四月二十六日

百歲海翁不老身。紅梅一樹見精神。丹心鐵骨分明在，不信神州要陸沉。

感　事

四月二十七日

天上忽驚動蟄雷。九州生氣亦雄哉。中華萬古英雄地，又見群賢濟濟來！

金陵留别

秣陵春老意遲遲。又是江頭離别時。莫負天涯行客意，清風明月最相思。

懷加州侯北人

五月二十六日

不見侯公又十年。百梅堂上聚高賢。遥知彩筆縱横處，細酌瓊醪不夜天。

平生知己數侯公。不見來書意杵忡。料想草堂風月夜，詩人高唱大江東。

相思萬里隔雲天。夜盡酒酣憶當年。想得百梅堂外月，婆娑竹影更纖纖。

題石楠所著小說《寒柳》，書為柳如是立傳並及錢牧齋 七月五日

讀君新著意難平。一樹垂楊萬古情。我亦虞山訪柳墓，短碑荒草臥縱橫。

己巳七月六日自滬返京，一路陰雨舉目皆不可見

溟濛萬里只昏昏。一片迷霧認不清。舉世混沌就是了，何須事事忒分明。

贈楊公

楊公豪氣比天高。罵賊而今豈一曹。我亦聞雞便起舞，濁醪三斗為君澆。

己巳七月廿六日，於常州城中訪東坡辭世處，今尚有藤花舊館篆額，屋内有藤花一本，蓋當年坡翁賃居處也

藤花舊館尚離披。一代文宗在此辭。想見平生風雨日，奇才絶世百無宜。

題常州滑稽戲 七月二十六日

古來一笑值千金。今日相逢笑語深。莫道世情多可喜，笑顏開處也傷心。

己巳七月廿七日，訪常州淹城遺址，城分內中外三套，城牆及護城河依然尚存，城牆寬厚，高於地面甚多，護城河既寬且深，多魚，據云此為春秋末期古城

古城流水尚依然。猶是皇華紀世前。我到毘陵增感慨，中華文物五千年。

題梁園遺址

九月七日

好賦梁王到日邊。風流枚馬亦神仙。我今來作梁園客，十里南湖綠勝煙。

訪梁孝王墓石室

詞賦曾稱一世雄。風流結客五湖同。至今贏得梁園好，千載令人想此公。

己巳十月一日夜，抵揚州，宿西園西山，翌晨至瘦西湖，自小金山買舟渡廿四橋至平山堂，一路秋色秋聲，皆詩情畫意也，為賦三絕

秋在揚州廿四橋。青山綠水也魂銷。夜來只待嫦娥到，萬里輕紗一曲簫。

我是尋秋杜牧之。揚州月滿恰來時。簫聲莫怪太幽咽，廿四橋頭玉女吹。

行到聽秋廿四橋。蘆花翻白蓼花嬌。秋聲秋色知多少，一路詩情滿畫橈。

己巳十月三日夜，聞平山堂側瓊花忽然枯死，而西園瓊花結子滿枝，有異于此，于青山乃秉燭導予與丁章華、朱家華、吴戈、許毓成諸君往觀，詩以紀之

零落瓊花有幾枝。西園忽報綻新姿。飛瓊也厭高寒處，移向人間乞好詩。

秉燭看花有幾人。風流蘇李古仙真。而今我也籠紗去，為照飛瓊睡態新。

題范卓林藏任伯年《秋林放牧》圖

好頭赤與玉花驄。本非凡品皆異種。展卷又驚神駿影，渥窪乍到非畫工。

題范卓林藏唐雲《竹林雀噪》長卷

鶺鳥一枝足偃棲。況添修竹與雲齊。朝來一曲相和罷，細話家常到日西。

亭亭　十月十六日枕上口占

亭亭山上松，鬱鬱澗底木。皆為棟樑材，廣廈是所託。飛廉一何毒，豐隆一何酷。一朝摧折盡，萬民何所屬。

題徐州漢畫館　十月十六日

草澤起英雄。乾坤百戰同。漢家風儀在，指點畫圖中。

哭王蘧常師　十月二十八日

歡笑平生五十年。忽然歸去渺雲煙。是真是幻誰能辨，畢竟先生是上仙。

平生知己是吾師。風雨艱難各皎持。自信乾坤正氣在，要為軒羲立豐碑。

題如皋冒辟疆後人捐贈上海博物館文物　十一月四日夜

風流濁世佳公子，紙貴洛陽憶語辭。難得一門高氣節，滿江烽火獨吟詩。
詞場應數小吾亭。黄菊東籬挹德馨。淮海幾多飄泊客，獨憑椽筆留姓名。
百年文物雄江左，翰墨書香繼武初。賴有冒家佳子弟，圖書萬卷到石渠。

自題《尖圓臍君圖》　十二月末

笑君歸去太倉忙。半世横行此下場。縱使通身都是赤，無那肚裹盡金黄。

一九九〇年（庚午）

題　畫　庚午歲朝

舉目皆橫行。東籬秋色盈。空存酒一罇，恨缺陶淵明。

懷加州侯北人　二月二日

十年不見故人面，一夕相思夢幾回。想得百梅堂外月，清光依舊逐君來。

紀峰為作像，自題一絕　二月七日

獨立蒼茫一野人。風波萬劫死還生。平生事業詩書畫，一部紅樓白髮新。

奉謝朱屺老、劉海老、侯北人諸公
為作《瓜飯樓校紅圖》

廿載校紅事已癡。個中甘苦阿誰知。多公一幅名山畫，持向蒼蒼問硯脂。

校八家評批《紅樓夢》自題

年來老眼已漸花。看字飛蝨黑影遮。一語校成浮大白，風前落葉忽新加。

壽杭州周采泉老八十大壽

歲月頻看八十春。辛勤筆硯有餘溫。老來猶作楊生傳，到底胸中有不平。

相忘江湖路幾千。孤山梅萼冷更妍。遥知雪後初晴處，獨跨羸驢到日邊。

庚午首春，懷海粟大師臺灣，時大師去臺訪問已月餘矣

二月十三日夜一時半

鯤鵬展翅西復東。人間難得有此翁。百年彈指一揮間，朝崑崙兮暮穹窿。九洲萬國紛擾擾，此老兩袖挾清風。長安殘棋局未終，此老具眼識窮通。富貴功名何足道，此老白眼未一中。人間至寶是何物？三寸柔毫酒一盅。酒澆胸中之壘塊，筆寫萬古之長松。巍巍太華何其高，其巔尚有摩天蟠屈之虬龍。悠悠百年何其哀，一醉能消萬古痛。我識海翁已半世，相對每如坐春風。去歲長安一為別，悠悠浮雲何處蹤。聞道扶桑日生處，此老大笑驚兒童。歸去來兮百歲

翁，故園墨池浪洶泓。待公巨筆一揮灑，掃盡陰霾貫長虹。

庚午三月十二日賀朱屺老百歲畫展

百年難得百歲翁。此老况是人中龍。八五曾上雄關頂，九三御風到白宫。如今百歲開畫展，生綃十丈列群峰。觀者萬人光照壁，猶如金陵瓦棺寺中顧虎頭，妙筆初開維摩容。亦如長安大同殿上李將軍，三百里嘉陵山水金碧相輝一掃空。吁嗟乎！今之視昔昔猶今，此老乃是今之荊關馬夏董巨與王蒙。我對此老敬且崇。心香一瓣朱雪翁。昔日齊璜老白石，願作走狗青藤雪個吴缶聾。此意於今我能同。但恨此身營營終歲南北與西東。今日高會欣恭逢。滿座佳士盡名公。共祝壽翁更添壽，好共麻姑桑海東。

題《秦淮八豔》電影劇本

三月十七日

讀君新著意蒼涼。一代紅裝是國殤。時勢而今重貨利，高風何處覓寇娘。

自揚驅車赴泰興永安州食河豚，主其事者丁章華君

俚語云：不食河豚，不算詩人。東坡有『正是河豚欲上時』之句。故予每恨不得食河豚也。頃來揚州，適當其時，承章華、家華、為民諸君之盛意，於庚午三月初一驅車赴泰興永安州食河豚，一路細雨霏霏，菜花滿畦，桃花亦灼灼迎人矣。州瀕長江，予所至處為一小菜館，額曰『迎客樓』，臨檻可以俯瞰江水，隔江村舍皆在煙雨中。正惠崇春江煙雨圖也。須臾此味登席，依俗同席皆不讓，唯自食而已。然章華念予初不識此味，仍破俗為予布菜，予乃得食二味，其味之美，無與倫矣，此予

生平食河豚之始，雖未可以此充詩人，卻不可不記之以詩。

庚午三月初二日記於西園

浪跡江湖六十春。放翁老去更銷魂。此身合是詩人未？細雨春江食早豚。

題逯彤作《金瓶梅》人物塑像

四月七日

意態人情色色真。頹風濁世實堪驚。如何一管生花筆，不寫神州俠客行。

小別

四月十二日

小別如今芍藥花。一春唯見玉鉤斜。荊谿紫玉龍谿雪，何事年年不着家。

為楊憲益老送杜康　五月九日

世事浮雲蒼狗幻，浩然孟叟地天間。杜康我有公休怕，萬疊愁峰只等閒。

奉贈馬來西亞著名書家八十八叟黃石庵先生書法展覽，先生書法遠宗漢魏，神似南海，此次展覽以精品二十件奉獻亞運會，敬題三絶　六月七日

天岸開張氣勢雄。俊遒原是此中龍。九州萬國康南海，溯本還應到褒中。

椽筆縱横老石庵。千秋心法幾人參。何期海外歸來日，筆底居然帶夕嵐。

都是炎黄舊子孫。故家喬木亦溫存。何妨水隔三千里，月到中天共此情。

訪香谿樂平里農民詩人譚翁　七月七日

行盡崎嶇路，來尋陶淵明。世人皆不識，翁自寫天真。

贈張翥，别已三十年矣

老去相逢鬢已霜。豪情猶憶少年行。行雲流水原無住，執手何須淚滿眶。

三十年來每憶君。清風明月幾沾巾。而今我亦垂垂老，頭白難忘夢裏情。

以小箕山所攝新荷為粉本，畫《新荷圖》有題

八月十九日

最是芙蓉出水時。一枝濃豔帶愁思。新荷初綻春先透，哪禁萧郎觸手持。

麥積山登七佛閣感賦

八月二十五日

仰視懸崖萬仞梯。群山俯瞰若青薺。冷冷忽怪天風起，始覺身高白雲低。『薺』字借韻。

悠悠麥積是祖庭。千載猶存劫後身。我到名山禮七佛，心香一瓣護斯人。

贈豫劇名旦胡小鳳　九月

豫劇名旦胡小鳳來京作專場演出，其所演劇目，有《大祭樁》、《穆桂英》、《芙蓉女》、《花打朝》等，余連日觀其演出，覺古之所謂燕趙悲歌，不過於是矣，乃為賦四絕，以寄感慨云爾。

一

千古奇冤大祭樁。聲聲字字斷肝腸。年來老淚都拋盡，①又為斯人莫一觴。

二

繞梁三日淚汍瀾。大呂黃鐘取次看。燕趙悲歌慷慨士，正聲原是出邯鄲。

三

聽君一曲耳纔明。華夏長年失正聲。當此橫流滄海日，勸君多唱穆桂英。

四

望夷宮中鹿為馬，咸陽道上假作真。難得深閨奇女子，敢罵昏君到秦廷。②

注①：余之師友，年來相繼去世者八人，近余甥華正輪又突然謝世，盛年凋謝，不勝痛悼。

注②：此劇名《芙蓉女》，演趙高故事。劇情大體同梅蘭芳之《宇宙瘋》，唯增加趙高假詔殺太子扶蘇情節，趙豔蓉則金殿裝瘋，直罵昏君等。

題朱屺老馬山第三圖

九月十四日

馬山，古稱夫椒，為吳越間戰守之地，抗日戰爭時日寇屠島上居民殆盡，伐島上古木亦殆盡，島上有古銀杏，蔭蔽半天，腰可數十圍，不可知其年也，日寇欲伐以逞兇，正砍間，忽有巨蛇騰飛而去，寇驚以為神，遂不敢伐，是故此樹與二三島民共存。屺老感其民守土衛國之正氣，憤敵寇之無道，乃三作此圖以致意焉，予因亦至馬山瞻仰，至則海天空闊，茫茫無窮，而全島樹木聳翠，鬱鬱蔥蔥，返觀屺翁此圖，則蒼茫空闊，與夫蔥蘢鬱勃兩皆得之。噫，屺翁其神筆乎，其仙筆乎，因再拜而記之。

憶昔東寇逞瘋狂。千村萬落生悽愴。河山半壁無顏色，日月黯淡失輝光。我年十二雖童稚。傷心滿目幾髮指。北塘大火半天紅，萬戶一夜盡灰土。可憐庚辰十月冬。賊寇掃蕩我村中。我姑奮擊碎賊膽，屍分四裂血染紅。我舅堅貞不屈膝，懸屍村頭被示眾。我友擊賊為賊俘，慘遭惡犬裂心胸。往事斑斑皆血淚，老來言之氣猶湧。維時太湖馬山隅。抗敵個個逞雄姿。數摧強寇懲凶頑，一時敵寇氣如沮。豈知寇心即獸心，報復如鬼斯須至。全村老幼皆殺盡，血流成河山堆屍。大劫過後餘三人。東西南北皆鬼鄰。秋風習習隴上草，隱隱草中猶哭聲。天回地轉東風速。日月重光山河復。村頭高築英雄碑，千秋浩氣後人續。婁東畫師朱屺翁。兩過馬山尋遺蹤。萬頃太湖煙波闊，群峰壁立夕陽紅。猶聽村叟說往事，聞者唏噓肅動容。歸來轉輾不成寐，為作長卷記新容。昔日杜陵天寶後，吟詩皆作詩史留。屺翁此畫即杜詩。千載後人慎寶之。

屺老作太湖馬山圖長卷屬題，因以俚歌詠其事，屺老此卷，蓋史畫也。

一九八三年十月九日夜於京寧車中口占。十二月五日書于蘇臺旅次。

江南馮其庸謹記

庚午中秋，遊鄠縣草堂寺留題兼謝宏林大師齋宴

十月四日

我到草堂八月中。團圓明月照圭峰。逍遙園裏當年事，千載令人想什公。

名碑寶塔共流芳。萬里西來拜草堂。多謝上人殷切意，一甌麥飯有餘香。

終南佳氣鬱蔥蔥。此際盤盤有臥龍。煙霧草堂千百載，什公靈塔密公鐘。

庚午秋游華清池，觀新發掘之海棠湯，昔楊妃之湯池也，因題一絕

十月七日

記得楊妃出浴時。嬌羞脈脈不勝衣。風情說與白學士，未必能吟牡

丹詩。

自蘭州返京經騰格里大沙漠有感

千里車行大漠横。長天目斷有雁聲。何人識得籌邊策，不在生兒只一氓。

遊神禾原香積寺

十月七日

此寺廿二年前予曾遊過，時寺左原頭有唐槐一樹，古拙可喜，樹下一老僧垂眉打坐，詢之已九十八歲矣。此景二十年後仍在目前，今日重到，古寺老僧，俱已不見，感而賦此。

二十年前此寺遊。老僧古樹水長流。今朝重到香積寺，古樹老僧兩悠悠。

庚午秋自天水至蘭州，車行叢山中，一路秋色如畫，黄葉滿山，過碧玉村，風光更濃，過馬營，昔日戍邊屯兵之馬營也，因賦一絶　十月十三日

黄葉漫山碧玉村。秋風匹馬到前屯。匆匆行色臯蘭道。千里高原銷客魂。

庚午初冬，十一月十二日夜到涼州

輕車昨夜到涼州。千里關河一望收。憶得王翰詩句好，葡萄美酒不須愁。

武威騰格里沙漠中訪漢方城遺址，城在沙漠深處，為近年之新發現　十一月十四日

大漠孤城雁字橫。紅河東去杳無聲。漢家烽火兩千載，我到沙場有舊溫。『溫』字借韻。

張掖訪黑水國故址　十一月十六日

涼州游罷到甘州。蘆荻蕭蕭故國秋。①黑水蒼茫西逝去，②黑城依舊臥荒坵。將軍功業三千歲，烈士沉冤未白頭。③我到邊關增感慨，男兒何事覓封侯。

注①：張掖舊有『半城蘆葦半城廟』之稱，予到張掖，城中尚有蘆葦，已盡白頭矣。

注②：衆水東去，唯黑水西流，黑水在張掖城西北，水道甚寬蒼茫無盡，然冬季水涸，已無水矣，予去黑水國故城，先過此河。

注③：前漢衛青、霍去病、李陵諸人，均曾用兵西域，過張掖達酒泉，至今酒泉有霍去病勞軍古井，在酒泉遠郊有泛泉堡，為李陵戰敗被俘處，傳有李陵碑，或謂泛泉堡古城竟稱李陵城云。

風雪登嘉峪關城樓感賦

十一月十八日

天下雄關大漠東。西行萬里盡沙龍。祁連山色連天白，居塞烽墩匝地紅。滿目關河增感慨，遍身風雪識窮通。登樓老去無限意，一笑揚鞭夕照中。

訪古陽關遺址

十一月二十四日

柳枝折盡到陽關。始信人間離別難。唱罷渭城西去曲，黃沙漠漠路漫漫。

訪玉門關故址

十一月二十六日

遊罷陽關到玉關。無邊沙磧地天圜。漢家功業開邊甚，昨夜詔書到百蠻。

徽班進京二百周年抒感

十二月三日

久矣華夏失正聲。六億人民闕共鳴。今日重聞角徵起，教人喜極淚沾巾。

粉墨春秋二百年。忠奸妍醜盡昭然。人民自有千秋鑑，莫淡笑嗤貪好官。

衣冠文物數前賢。虎鬬龍爭各皎然。自有乾坤正氣在，螻蛄原不識長年。

庚午十二月十一日再過白水澗道感賦

古道一絲開混沌。天山莽莽此為門。雪練九曲羊腸白，紅柳百叢烏路昏。萬馬奔騰來谷底，千駝躑躅過險嶂。我今吊古心猶怯，絕巘橫空欲斷魂。

哭劉海老

庚午十二月十七日，與方行老、運天弟午宴于鴻運樓，席半忽聞海老在美逝世，噩耗陡傳，予手不能舉杯，食不能下咽，因草草罷席，歸住處，通夜不能寐，亦不能為詩以哭之，晨起勉成四句。

大鵬一日忽垂翅。四海風雲為凝遲。坎坷平生一百歲，驚濤起處有吾師。

注：此次海老逝世消息，數日後確知是謠傳。第二句『凝』字作仄聲讀，見白居易詩自注。

贈劉海老

去年今日畫梅枝。鐵骨丹心冰雪姿。小草數行勉作記，終愧絕世老畫師。

海闊天空老畫師。江山萬里一揮之。今來古往誰能似，只有富春黃大癡。

十上黃山第一人。胸中逸氣共雲生。古松屈曲來相接，為作先生畫裏身。

一九九一年（辛未）

積石行

二月七日晨四時至十六時於蘭京車中

黄河落地走東海。初臨積石第一關。吁戲乎！巍巍積石何險哉！群峰壁立如劍排。飄緲雲霧似束帶。仰視不可見其巔。皚皚雪嶺横空出，遮蔽西北天地間。銀峰耀日生光輝，想見當年姑射仙。西南群山連綿走，中藏絲路兩千年。聞道大禹治水時，對此重山發浩歎。幸得鬼斧神工來相助，刀斫斧鑿亦三年。最是東頭萬峰重疊處，摩天巨石相鉤連。衆神束手鬼告退，黄水奔流盤旋四溢不得出此關。大禹一怒奮神威，巨斧揮處此關開。至今留有禹王石，千載令人生驚歎。我與京都二三子，為尋絲路涉間關。車行萬山深谷底，歷盡艱險到河源。吁嗟乎！黃河之水天上來，千迴百折出此關，從此奔騰向東去，洪濤滾滾生波瀾。吁噫嘻！中華文化五千載，要由此水來灌溉。我今尋源到積石，願溯源頭上星海。

贈美洲余英時兄

與君同學復同心。萬里秋潮共月明。憶得威州剪燭夜，一夢紅樓又十春。

題彭城馬波生為予作《風雨夜讀圖》

三月十六日

彭城畫怪馬波生。有筆如錐墨似鯨。風雨為我一揮手，如聞萬壑松濤鳴。一燈如豆光五寸，此公夜讀眼有神。琅琅之聲滿天地，布衣素食傲公卿。五十年來如一日，得君逸筆寫其真。吁嗟乎！君子憂道不憂貧，此公道富黄金盡。四壁蕭然惟圖籍，饑來抱膝一長吟。

題廣饒孫子故里　四月十四日

文章孫子十三篇。六國縱横失四邊。萬古江山時世改，先生妙算萬千年。

贈徐秀棠

秀出天南筆一枝。千形百相有神思。曹衣吳帶今何在，又見江東徐惠之。

題許家立製大觀園模型

名園今日喜重新。費盡許郎一寸心。從此簪花鬬草日，幾回重解石榴裙。

可是春深四月天。落紅似海愁如煙。一抔香塚花能葬，可奈春愁草芊芊。

題貴州從江大麯

萬峰疊翠月亮山。都柳清清第幾灣。中有佳釀勝玉液，香飄百里滿人間。

題豐縣泥池酒

四月二十四日

大風歌罷意蒼涼。一盞泥池十里香。我到黃河尋故跡，沛豐本是漢王鄉。

向滁州書家李國楨乞新茶

辛未送春日客揚州西園賓館

聞道滁州草木茵。春來芽茗最鮮珍。憑君乞與春一盞，好助醉翁詩句新。

辛未五月五日夜一時枕上口占，時客揚州西園賓館

送春昨日到揚州。細雨菲菲萬木稠。只有瓊花最有意，西園開到蜀岡頭。

辛未立夏後一日到蘇州，晤蔣風白先生，題此為贈

天下何人畫竹枝。金閶門裏瓣蓮居。三竿兩節風兼雨，未解平生折腰支。

題山旺化石，距今一億八千萬年，誠世界奇觀也

五月十六日

雲程萬里到青州。來讀石書萬卷稠。眾妙之門何處是，山旺一葉史悠悠。

遊欒成成山島天盡頭，有胡耀邦同志題辭

五月二十日

行到天盡頭。海天一望收。秦皇鞭石處，丞相有題留。斯人今已矣，斯事亦千秋。更有肝膽子，遺墨令人愁。

題沙白先生油畫展　六月五日

傳神畫筆自千秋。當世藝壇第一流。藝已通神神矣技，浮雲富貴到白頭。

題呂啟祥《紅樓夢會心錄》

開卷十年此會心。羡君真是解紅人。文章千古憑誰說，豈獨傷心是雪芹。

題徐秀棠塑陸羽像　七月二十九日

一卷茶經萬古新。先生妙舌太迷人。風騷唐宋知多少，都入蘇黄詩句醇。

彭城贈馬坡生

九月七日午間

我讀波生畫，如中白墮酒。熏熏多醉意，茫茫不知走。豈在點畫工，乃因真趣厚。古之善畫者，高下失妍醜。君其勉之哉，要共雲山久。

中秋有懷

梅花紫玉碧螺春。冷月幽窗念遠人。一種相思渾未覺，舉頭怕見月華新。

昨　夜

昨夜三更夢見君。溫言細語倍分明。醒來唯見窗前月，只見清光不見人。

辛未秋觀麒派傳人小麟童《走麥城》感賦 二首

廿年不見老君侯。偃月青龍對客愁。今日寶刀重出匣，精光依舊照神州。

千里單騎美髯公。高風亮節世無同。麥城當日英雄路，絕勝洛陽不思翁。

吉首題苗族歌舞 十月二十日

苗家一曲風情多。依舊沅湘漾碧波。滄海橫流今已歇，來聽猛洞喊山歌。

一九九一年十一月一日，遊黔陽芙蓉樓，

即唐王昌齡送辛漸處也

江山萬古芙蓉樓。一戍瀟湘不勝愁。為有玉壺冰雪句，令人長憶王昌侯。

哭祝肇年

肇年于十一月四日凌晨去世，六日凌晨口占。

十年奪我三知音。痛哭蒼天太不仁。坎坷遭逢祝季子，一生受苦到終身。

論文促膝到論心。季子胸中太不平。拔劍長嘯悲奮起，神州慟哭要陸沉。

文章擲地有金聲。身世悠悠草半莖。一曲西廂能妙解，王郎君是再來人。

題畫

趙昌粉蝶無牡丹。要我先栽豆莢看。滿院秋風開紫玉，紛紛蜂蝶自成團。

十一月二十五日夜

一九九一年十二月廿四日夜夢見海老端坐抬椅中，雖華髮飄蕭而豪氣干雲，意態如昔，醒後枕上口占

雲山煙水苦難親。昨夜三更夢見君。華髮飄蕭清瘦甚，先生豪氣卻干雲。

一九九二年（壬申）

憐君 元旦

憐君萬里作遠遊。往事如煙不勝愁。滄海月明珠有淚，重來我已雪滿頭。

題全國曲藝研討會

江南猶憶柳敬亭。說到滄桑淚滿襟。驚木三聲天下醒，秋風吹徹故園心。『醒』讀上聲。

陳從周兄於昆明作楠園，為題兩絕

聞道昆明曾劫灰。豈知新有楠園來。陳公原是黃公手，縮地迴天稱妙才。

不見陳公又十年。香山一宿可人憐。近知滿腹詩書畫，吐向昆明作野煙。予近日住香山飯店，此建築大師貝聿銘所設計而陳公贊劃者也。

一九九二年二月十二日（舊曆正月初九）為鄧拓同志誕辰八十周年，丁一嵐同志來信索詩，勉成三章

一

廿年京國未相逢。雷報姓名欲耳聾。聞道先生多上客，一時俊逸盡雲從。

二

曾讀燕山夜話來。曾同吳老接深杯。驚雷一日從空起，同獲三家村裏災。『文革』中，予亦被定為『三家村』人。

三

往事前塵亦可傷。兩公姓字自堂堂。試翻青史挑燈讀，屈宋司遷底下場。

壬申五月巢湖范君寄新茶，詩以謝之　五月六日

篘籠新寄婺谿茶。正是先生渴念家。多謝巢湖范友子，又分詩思到天涯。

題綿陽子雲亭　五月十五日

重到綿陽事事新。鳳凰高築子雲亭。東山更有雙劉會，蜀漢初開第一程。

過江油青蓮鄉李白故里，題青漪江　五月十九日

青衣似帶束群峰。碧玉尖尖簇芙蓉。我到滄浪先濯足，浪花飛起雨濛濛。

過沙灣，沙灣谿中產金，居民貧以淘金為業　五月十九日

山行百轉似羊腸。繞到沙灣揮一觴。地有黄金君莫怕，他年看建白銀堂。

題古江油關。此即馬邈投降處也，其側有李氏夫人墓，下為明月渡，即李氏投水殉國處

天險江油第一關。將軍不戰作賊官。夫人真是奇男子，月渡忠魂夜夜還。

題黃龍寺

五月二十日

人到黃龍已是仙。勸君飽喝黃龍泉。我生到此應知福，李杜蘇黃讓我先。

過雪寶頂

五月二十日

五月廿日下午六時至雪寶頂，大雪山之峰頂也，亦紅軍過雪山之雪山也。高四千三百公尺，四望皆冰雪，大風起時則一片迷濛，真奇景也。

灣環曲折到山頂，雪壓冰封萬里銀。最喜朦朧雲雪裏，大千世界一混沌。

雪寶頂所見 五月二十日

山下花千樹，山頭雪滿巔。巨風時一吼，茫茫皆不見。

重過劍門關贈何興明 五月二十三日

平生兩到劍門關。滿眼青山喜我還。老去放翁詩興好，為君題句遍梁山。

題劍閣翠雲廊漢柏 五月二十四日

拔地參天三百丈，滄桑歷盡風煙長。冰霜雨雪都經慣，留得此身更堂堂。

過劍谿橋，諸葛孔明所過之古橋也

看山晚度劍谿橋。踏霧沖雲馬足遥。見説臥龍從此過，欲將興廢問漁樵。

題朱淡文《紅樓夢研究》

海外飛來問石書。相看字字作璣珠。十年辛苦何人識，持向蒼蒼問硯脂。

題覺苑寺壁畫，傳為吴道子遺墨　五月二十五日

蜀道明珠覺苑寺，吴生妙筆遺光輝。當年想見開堂日，百里神光照

劍山。

題平陽府君闕　五月二十八日

平陽府闕是何人？千載於今費思論。殘照西風太白句，至今一讀一銷魂。

壬申五月香港贈黃永玉兄　六月十四日改定

賀君山半得高居。簾卷滄波襟有餘。筆參造化波瀾闊，思飄雲外接太虛。論文常記肝膽在，作畫毋忘人面無。最是新圖題倒也，心聲傾國仰隆譽。

題姜新生裝裱　七月二十日

淋漓翰墨古仙真。張怪米顛事已陳。玉軸縹緗千載後，鸞膠依舊續圖新。

題曹雪芹墓石　七月二十五日

哭君身世太淒涼。家破人亡子亦殤。天遣窮愁天太酷，斷碑一見斷肝腸。

草草殮君塚一丘。青山無地揜曹侯。誰將八尺乾淨土，來葬千秋萬古愁。

天遣奇材一石珍。夜臺不掩寶光醇。中宵浩氣森森直，萬古長新曹雪芹。

迷離撲朔假還真。踏遍西山費逡巡。黃土一抔埋骨處。傷心卻在潞河濱。

題王己千為楊仁愷老所作《煙雲供養》長卷

十年不到黃金臺。故國山河入夢來。夜雨巴山今隔海，為君剪燭畫崔嵬。

曹縣李同嶺為送牡丹來並為栽種，詩以為謝　十月九日

勞君千里送花來。傾國傾城手自栽。待到明年花開日，共君花下醉一杯。

聞道曹州好牡丹。春來花發勝冰盤。如今來作金臺客，只待東風任意看。

一九九二年十月，予在維揚舉行國際《紅樓夢》研討會，與同人登金焦二山，過北固樓感而成章

論紅來上北固樓。四海佳賓共一秋。萬里長江波浪闊，諸公詩筆自悠悠。

謝西園主人紅樓宴

十月維揚故國秋。滿堂佳客說紅樓。多情最是西園主，盛席華筵宴未休。

蒙城贈王佑三

十一月三日晨口占于彭城

何處有高人。蒙城潘湖村。萬家拜生佛，廿載感精誠。嘗藥百千次，試膏創自身。民皆吾同胞，要同骨肉親。悠悠五千歲，誰識義

皇心。偉哉王佑三，吾將與結鄰。非求不死藥，乃是德所馨。近悉王佑三竟因以身試藥而亡，可痛也。

遊下邳古城訪圯橋白門樓遺址　十一月五日

我到古邳州。來尋白門樓。圯橋今尚在，不見漢留侯。

再題曹雪芹墓石　二首　十二月五日

身前受盡悽愴。身後還遭誣妄。真是真非安在，撫石痛淚浪浪。

地下長眠廼年。忽然雲破見天。反說種種不合，何如重閟黃泉。

題黃胄墨驢圖卷

一九九二年十二月廿二日，偕楊仁愷先生同游炎黃藝術館，應主人之邀也。酒後為題一絶。

灞橋風雪屢逢君。紅葉香山若為情。為乞黃公椽大筆，一生長逐玉谿生。

題紫藤

春風吹紫玉，滿院盡飄香。無敵化工筆，天然即文章。

題韋江凡畫馬

十二月二十七日晨

愛君逸筆似龍騰。駿骨千金豈足偁。冀北已空千里馬，燕南復見骨崚嶒。雷臺踏燕追風疾，玄圃御龍逐電輕。韋偃韓幹今在否，相看筆下又雲生。

題嵩陽書院大將軍柏，大將軍柏為漢武帝東巡時所名　十二月二十七日

漢武東巡事已陳。馬遷史筆亦封塵。嵩陽老柏今猶在，青眼看人萬世情。

賀韋江凡兄七十　十二月二十七日

白髮相看已上頭。古稀虛實隔金秋。願君健筆如天馬，倏忽駿蹄踏九州。

一九九三年（癸酉）

賀京劇大師張君秋舞臺生活六十年大慶

君秋先生舞臺生活六十年，馳名中外，為當今旦行之魯殿靈光。先生並擅丹青，喜畫老少年，亦名雁來紅者。其闔家共演龍鳳呈祥，尤為戲曲史上之創舉，足以傾動中外。則京劇之發揚光大自有望矣！因為小詩三章，以志其盛。

一九九三年一月十七日晨

一

妙舞蹁躚六十年。歌聲已繞地球圓。丹青老去年更少，雁字歸來落素箋。

二

闔門龍鳳大呈祥。淨丑旦生各在行。雛鳳新聲超老鳳，餘音三月猶繞梁。

三

家世梨園佳子弟，君臣將帥喜全齊。百年閱盡歌場史，竟是神州第一奇。

題電視劇《三國演義》　一月二十三日

一

如椽巨筆走驚雷。浪捲英雄又復回。天下三分茅屋計，祁山六出宰相才。長驅直下情何急，煙滅灰飛國士災。今日永安宮下過，瞿塘浪打有餘哀。

二

氣壓六郡八十州。東南坐擁有貔貅。何愁操卒三千萬，只要東風一日休。雅量高風周公瑾，推心置腹孫仲謀。吴宫舊跡今安在，尚有江城説石頭。

三

賣履分香實可哀。英雄事業亦豪哉。長驅河洛袁初死，西走潼關孟起回。千里舳艫波浪闊，賦詩横槊見雄才。魏王留得詩篇好，豈止漳河有雀臺。

題諸健秋丈所作《止酒圖》　二月四日

一九六三年春作於頤和園之雲松巢，時予居此，一九九三年從舊書中獲此稿，乃急記之。

太白高風不可同。堯年何處着阮公。不如辭別青州去，且入先生圖畫中。

贈唐雲　二月十二日

巨筆如椽腹便便。書詩字畫地行仙。欲知此老雲遊處，不在茶邊即酒邊。

七十自題　二月十四日

自憐忽忽已成翁。半世憂患半世窮。千里離鄉遊上國，百年一夢浪洶洶。眼看四海風雲變，耳聽八方杜宇同。長夜孤燈心耿耿，一樽還酹史遷公。

題故友嚴古津、汪海若詩畫軸

二月二十四日

零落故交已十年。舊時筆札渺雲煙。夕陽人影滄浪句，一簇寒花秋水篇。古津號滄浪生，海若有秋水吟館。

謝韓美林畫馬

二月二十四日

多君贈我雪花驄。奮鬣長嘶氣似虹。若使韓幹今在世，也應誇説本家風。

題濟寧青年書法家展覽

三月五日

學書如參禪。十年破一關。參到窮無處，心花在眼前。

題尹光耀君著《中國傳統延緩衰老方藥集錦》

三月六日

去病回春喜有方。百年卻在袖中藏。神仙自古多虛幻，不及先生一錦囊。

題倪小迂先生畫集

三月六日

雲林高士舊家風。畫筆依然老悶翁。半世交親如滿月，清光無處不相同。

贈沈鵬

三月十九日

相識於今數十春。知君行草入蘭亭。燈前昨夜拜新帖，忽覺家書是右軍。

題孟津王鐸書法館 四月九日

孟津一世雄。六合誰與同。奮彼如椽筆，掃除鄙陋風。偶然有細玷，態勢失從容。至若高渾處，登堂北海翁。

夢中得句，醒後足成 四月十六日

相憶天涯有幾人。百年零落已晨星。楊江去後終長夜，萬里中天待月明。

南京博物院建院六十周年俚句奉賀 四月二十六日

駒隙光陰六十春。龍蟠虎踞聚貞珉。六朝金粉文華在，兩晉風流墜緒陳。白鷺洲前天接水，鳳凰臺上霧連雲。中華自古多奇寶，端賴石渠為考存。

同秀棠遊湖汉金沙寺口占　四月三十日

冷落供春五百年。金沙寺已渺雲煙。曼生過後景洲老，一握紫泥價萬千。

壬申五月，香港山之半居訪黄永玉兄有贈

膽肝相照足平生。一别京華又四春。最是清風明月夜，思君恰望南天雲。

題陶南薰《無邪集》　六月一日

詩壓泰山命似絲。開篇我已淚滋滋。人間多少傷心客，萬古江山定不移。

六月十八日，中國書協劉彥湖君，陪同參觀辟才胡同內跨車胡同十三號白石老人故居，因題一絕

來拜高居恨太遲。心儀半世失良師。畫壇百載誰千古，只有湘潭放犢兒。

哭老舍

七月三十日晚

沉江屈子為憂國，忍死馬遷要著文。日月江河同不廢，千秋又哭舍予墳。

癸酉八月五日，廬山同王士成訪東林寺

客床相對臥廬山。欲訪遠公五百環。古寺東林聲寂寂，東林寺已無鐘

聲。虎谿流水自潺潺。放翁去後何人到，彭澤歸來可再還。解識坡仙精妙句，只緣身已出廬山。

癸酉大暑，威海金線山頂宿瀛州賓館　八月十四日夜

漢武秦皇事已遙。三山海外不能招。因風昨夜過東海，一宿瀛州到碧宵。

自煙臺至龍口，途經海頭、潮水、蓬萊，一路碧海如天，風光似畫，詩以紀之

海頭潮水到蓬萊。處處風光入畫來。最是青天碧海夜，潮聲萬馬鐵蹄回。

一九九三年九月二十日夜四更，予自龍口赴煙臺回京，過蓬萊，王景勝忽自後驅車趕來，為予送茅臺贈行，復於夜色中別去。噫！予非太白，而景勝之情實勝汪倫，詩以謝之

夜色沉沉曉色開。夢隨碧海到煙臺。多情最是王景勝，又送醇醪過蓬萊。

題譚鳳嬛烙繡《大觀園女奴圖》

八月二十四日

命弱如絲色似花。傷心卻入五侯家。癡情寶玉情癡絕，空許籠雛到海涯。

生小小嬛覺慧多。自將鐵筆繡煙蘿。曹衣吳帶今重出，十二金釵照

洛波。

得海老香港書來，感懷有呈　八月二十七日

海老書來喜欲狂。相望隔海急揮觴。願公健筆如天馬，倏忽駿蹄過大洋。
翰墨淋漓老伏波。縱橫揮筆似揮戈。平生寫盡山千萬，未及胸中一點螺。
臨別依依在草堂，豪情原共作華章。匆忙一自分攜後，夜夜夢魂到海棠。
傾倒平生是海翁。范寬馬夏即今同。執鞭若許隨鞍後，我是緊囊一小童。

九月十一日至交河城感賦

千家萬室盡摧隤。兀立斜陽默自哀。何處詩人留舊跡，教人躑躅復低徊。

題高昌城二首

九月十二日

故宮斷壁尚巍峨。雙塔亭亭夕照多。想見當年繁勝日，滿城香火念彌陀。

乘危遠邁有孤僧。國主高昌亦可倗。難得焚香深結拜，西天一路足依憑。

癸酉九月九日，予自京飛烏魯木齊，先至高昌、交河故城，再到伊寧，越天山至庫車，即擬去喀什，登崑崙山感賦一絶　九月十九日于庫車改定

老來壯志未消磨。西望關山意氣多。横絶流沙逾瀚海，崑崙直上竟如何。

癸酉九月十八、十九兩日，自伊寧乘長途車赴庫車，經兩日夜度天山感賦

天山看盡百千峰。碧緑橙黄俱不同。更有冰峰如列劍，森森寒氣逼吾胸。

過天山冰達阪

千迴百轉下山難。過盡千峰只一灣。太白惟知蜀道險，那知更有冰達阪。『阪』字從當地俗語。

九月廿日抵龜茲，夜不寐，枕上口占

不到龜茲已七年。重來更覺水山妍。連天赤色峰如劍。接地清清水似泉。萬戶千門天祿閣，瓊樓玉宇廣寒仙。奔騰澎湃層濤湧，落日蒼茫古戍邊。

癸酉九月廿三日題溫宿古木林，皆千年古樹，虯曲如龍，盤屈臥地再起，園中古樹皆作此龍蛇形，堪稱奇跡

見首神龍難見尾。人間何處覓仙居。天涯行遍無蹤跡，卻遇盤盤在翠微。

九月二十五日到喀什宿疏勒

千山萬水不辭難。西上疏城問故關。遥想當年班定遠，令人豪氣滿崑山。

癸酉中秋前夕，予宿南疆民豐縣，月色甚麗，夜忽有夢

關山萬里一輪圓。夢裏相逢異國仙。為訴平生離別苦，花開花落復年年。

癸酉中秋月夜，洛浦來政委宴請，即席致謝，兼贈李吟屏先生 九月三十日

萬里相逢沙海頭。一輪明月正中秋。殷勤最是主人意，使我欲行還又留。

謝和田維勝政委贈崑山碧玉 十月一日

多君贈我碧琅玕。猶帶崑崙冰雪寒。知是瑤臺阿母物，千秋應作秘珍看。

和田臨別贈維政委，並訂明年之約 十月四日

與君相見崑崙前。白玉如脂酒似泉。莫負明年沙海約，駝鈴聲到古城邊。

癸酉秋盡在和田得大葫蘆

西域葫蘆大如斗。一葫能儲十斛酒。飲之可得千年壽。憶昔鴟夷泛五湖，剖之作舟輕且浮。載得西子逍遙游。鬢影釵光共一廬，羨煞人間萬戶侯。

題劉正成書李廷華詩　十月十日

詩擬黄山谷，書比張猛龍。兩者皆脱俗，舉世幾人同。

蘭州匡扶老惠寄詩集，詩以報之　十月二十三日

不見匡翁已十年。飛來詩句洌於泉。相思卻似隴頭草，一着春風即芊芊。

題上海越劇院演焚稿　十一月二日晚於香港

瀟湘竹影晚沉沉。裊盡爐煙未斷魂。飛起紙灰和血淚，猶聞隔院笛簫喧。

題界首釀酒世家吴永貴

七十年來釀老春。酒香麯氣惹行人，何時重結潁川約，醉到黄昏亦自真。

一九九四年（甲戌）

甲戌春送李雙喜至海南

一舸乘君到海南。浪平風順布篷酣。天空水闊憑魚躍，無限前程好放驂。

甲戌春，一九九四年三月十九日晨，鎮江渡口大霧，渡輪停駛，予與有責侄在渡口待渡，至十時半霧始散

煙籠霧鎖大江濱。愁煞渡頭待渡人。直到天開煙霧盡，春江波接綠楊城。

甲戌春，一九九四年三月二十一日予到揚州，丁章華主任留享河豚，命許毓成去靖江取魚，晚宴於其家，此予第二次食河豚也，詩以紀之

濛濛細雨濕江村。煙草萋迷欲斷魂。一事平生堪自足，江城三月食河豚。

題譚鳳嬛烙繡《紅樓夢》　三月二十五日

紅樓曲斷杏花天。夢裏相逢一縋綣。夢到情真意切處，卿卿低喚已茫然。

題譚鳳嬛烙繡《壽怡紅群芳夜宴圖》

良夜迢迢可奈何。滿天好月映花多。群芳特地開佳宴，公子歡情醉顔酡。

一九九四年五月六日游濟南南郊錦繡川口占

錦繡好山川。風光處處妍。山深藏古寺，水碧養魚鮮。梨花春滿谷，紅葉秋連天。遊人若到此，忘返更留連。

讀楊向奎、劉潤為、王家惠紅樓新論，謂《紅樓夢》非曹雪芹作，乃豐潤曹淵所作，讀後慨然有賦二首

讀罷新論意不平。才人自古總零丁。紅樓一卷聲天下，竟有人來換姓名。總，讀仄聲。

一卷紅樓萬古情。天荒地老此長庚。何人卻學東方朔，不竊蟠桃但竊名。

臺灣甲戌《紅樓夢》研討會喜晤周策縱、唐德剛兩兄感賦有呈　六月十二日夜

一夢紅樓十四年。威州猶覺是前天。策翁未老唐翁少，更讀紅樓續舊箋。

六月十三日游臺北南園，車中策縱兄賦詩索和，即依原玉

故國紅樓到海邊。論紅何止一千年。人書俱老天難老，更有佳章待後賢。

南園午宴，策縱兄即席賦詩索和，即次原韻

南園修竹舊知名。未到山前已碧青。賴有詩翁周策老，高吟一路催詩成。

六月十七夜看蘇昆王芳演《尋夢》，座中口占

一春尋夢未成尋。聽到王芳淚滿襟。隔海人遥相思近，相思更比海波深。

題浙江京昆劇院張志紅演《尋夢》

幽蘭初發滿天芳。舉國爭看玉茗堂。聞道山陰泥色好，生來便是王者香。

自題大西部攝影集《瀚海劫塵》

七月十五日夜

瀚海微塵萬劫波。天荒地老夢痕多。我來吊影淪漪促，留與滄桑劫後佗。佗，吴語他。今尚存。

題瞿塘峽贈魏君

七月十八日枕上

滄海桑田自古同。瞿塘易作水晶宫。麻姑應歎東君力，截住洪流再向東。

萊陽道中

春意闌珊不可尋。梨花落盡梅青青。多情最是萊陽道，萬樹槐花送我行。

哭劉海粟大師

八月八日予在紹興，忽聞海老在滬病逝，痛不能寐，成詩六章以抒悲懷。

一

九月去年畫竹枝。淩雲萬丈有餘姿。憑公橫掃千軍筆，留得清風萬古吹。

二

海上相逢已暮春。豪情猶作黄山行。平生百劫千難後，一片丹心奉赤誠。

三

傳來噩耗忒心驚。疑是迷離誤姓名。後約分明依舊在，清秋時節拜先生。

四

記得淞濱話別時。重逢已訂菊花期。豈知小別成長別，更向何方覓大師。

五

晚歲相逢恨太遲。白蘇才調作畫師。風流高格何人識，零落天南筆一枝。

六

痛聞海老作仙遊。從此江山空蔡州。最是傷心情未了，文章尚欠報白頭。

榮寶齋百周年紀念，詩以為賀　九月五日

翰墨芬芳一百年。詩書字畫上真仙。張黄吴白繁星燦，更造佳箋待後賢。

題杭州丁雲川藏李爾棵書《紅樓夢》百詠　九月二十二日

李爾棵自署小長蘆畔，則鄰近竹垞翁，時在道光辛丑，距雪芹之逝已八十年矣。

銀箋細字寫紅樓。百載誰遺萬古愁。聞道芳鄰詞賦客，康乾原本舊風流。

題周懷民老畫《富春江圖》　十月十日

簇簇群峰一塔孤。橋横鐵索鎖煙蕪。憑欄遠眺斜陽外，彷彿黄公舊畫圖。

甲戌歲暮，自刊《瀚海劫塵》出，率題一律　十二月

風雨平生七十年。關河萬里沐雲煙。天山絕頂捫星斗，大漠孤城識漢箋。已過崑崙驚白玉，將登蔥嶺歎冰天。天涯浪跡無窮意，更上冰川續後篇。

一九九五年（乙亥）

題巫君玉詩稿　一月一日

已是杏林第一儔。吟詩又見月當頭。平生風味陶彭澤，雨暴風狂立亂流。

題包立民輯作家自畫像　一月一日

清影相看入世無。文章一代盡歐蘇。艱難留得餘生在，把筆沉吟自畫圖。

甲戌歲暮，漢城夜宴徐氏莊，古體有贈

一九九五年一月十九日夜席上口占，一月廿六日寫定。

山隱徐氏宅，海擁萬卷樓。有筆比椽大，有墨與海浮。筵列黄公蛤，杯斟陶令甌。詩罷聞韓詠，窗外月當頭。

贈冒舒湮先生　二月二十八日

慷慨聞公一夕論。神州豪氣鬱崑崙。中華青史三千載，第一男兒是大孫。
家世多公五百年。滄桑閲盡古今憐。中華自有英豪在，要繼文山作後篇。

題 畫

三月一日

生小東門學種瓜。老來橐筆走天涯。硯田活水無窮樂，畫到青藤更着花。

哭厲慧良

三月一日

霹靂驚雷報，傷心淚雨紛。從今長阪上，不見漢將軍。

題厲慧良遺照

予甫為慧良夫婦攝影，比洗出而慧良已逝，不及見矣！一九九五年三月一日，閱報，知慧良噩耗而作。

匆匆過客喜盈門。慧良夫婦來寒舍正值舊曆年初二。攝得梅花已斷魂。予為慧良攝影，比洗出，而慧良已逝矣。無限浮生滄海意，為君灑淚到黄昏。

漢中題《石門銘》、《楊淮表》、《袁雪》等石刻。後者傳為曹操所書

八十年代初於漢中作，一九九五年四月二日檢出重改。

楊淮一表已晨星。千載書家拜頌銘。看到魏王袞雪字，月明萬里海潮青。

題朱屺老百五畫展

四月十三日

風雨縱橫百五春。滄桑閲盡眼更新。江山萬古如椽筆，卓立乾坤第一人。

移山有腕筆生花。四海煙嵐聚一家。畫到匡廬飛白玉，無邊清氣滿中華。

題尹光華畫展

四月十三日

畫史顧癡第一流。桐陰高士有倪侯。江山百代藴靈秀，又到君家筆上頭。

蕭蕭數筆寫荒寒。一片凄迷仔細看。畫到神行通造化，個中消息欲參難。

題開母石　五月十六日

萬歲峰前巨石開。禹王昔日喚兒來。滄桑歷盡千千劫，此石依然獨塊磊。

題嵩山萬歲峰下啟母闕　五月十八日

迷離古闕已千年。閟室幽宫不見天。多謝殷勤張管鑰，靈光一片到吾前。

題法王寺，寺位於太室山南麓玉柱峰下，寺内有雙銀杏高可參天，不知其年也　五月十八日

華蓋亭亭幾萬年。嵩門待月有神仙。法身忽自深宫出，為觀人間大樂天。

過萬歲峰 五月十八日

濛濛細雨到登封。欲瞻嵩高曉霧中。想見武王東祭日，山呼萬歲亦愚蒙。

贈越秀酒家 五月十八日晚

秀出中州第一枝。漢書下酒本無奇。大河東去千年事，子產歸來自有知。

重訪開封至河大有感

一夢東京十二年。故人零落渺雲煙。龍亭且喜依然在，春水兩湖碧似天。

贈黃漂英雄巴魯，其原名黃立明　五月十九日臨別宴上

萬里黃河只一漂。千層巨浪到雲霄。身經十萬九千劫，卓立中流是大豪。

題邵子退《種瓜軒詩稿》　六月十五日晨

散翁晚歲吾曾知。邵老天涯恨未期。讀罷種瓜長太息，分明元白唱酬詩。

題晏少翔畫《神駿圖》　六月十九日

天馬由來出渥窪。沖波踏浪即生涯。千秋難得神來筆，留取花驄萬世誇。

自京飛烏魯木齊，機中見天山博格達峰獨立如銀柱

八月二日

萬山起伏波紋細，突立孤峰銀甲新。我到西天尋舊夢，蒼顏華髮又遥征。

題莎車

中印戰爭時，印軍妄圖自阿里入侵，直至我葉城莎車，我自衛反擊後，印軍不堪一擊，俘虜均集于莎車。

千年古國已煥新。葱嶺東來第一城。賴有雄兵扼險隘，西山寇盗莫相侵。

贈莎車胡宗堯政委

風霜雨雪任天然。堅守崑崙四十年。自向冰天煉傲骨，紛華于我似雲煙。

題烏什城，城以西，有別迭里山口，存唐時烽燧。山口即玄奘法師西天取經出國境處　八月十六日

西來萬里拜孤城。燕子山高有勒銘。此去關山多峽路，烽臺猶扼迭里門。

西去聖僧過此城。當年想見遠孤征。我來峽口尋遺道，山險峰高鳥路橫。

題塔什庫爾干朅盤陀古城，玄奘東歸時所留處也

八月十八日

高原萬古朅盤城。負笈東歸有聖僧。我到九天尋舊跡，白雲半掩土牆橫。

和田贈維政委

八月二十三日

三年離別意如何。重到崑崙白髮多。痛飲狂歌趁此夕，明朝萬里又征駝。

雒勝政委自和田送予至若羌，故樓蘭地也，臨歧殷殷，詩以留別　八月三十日

相送樓蘭古國前。長亭一曲路三千。多情最是胡楊樹，淚眼婆娑在路邊。

參觀新修塔中公路題胡楊樹　九月一日

千年獨立足丰標。沙壓風吹不折腰。我向胡楊深禮贊，將軍大樹數君高。

乙亥八月卅一日同高玉璽、高健、李吟屏諸友及朱玉麒、孟憲實兩君同遊鐵門關留題

萬山重疊鐵門關。一水東流去不還。惟有千年古絲路，依然絕壁危

峰間。

過天山絕頂老虎口至一號冰川，風雪大作，雲生雙袖，感而有作　九月十日

灣環九折上蒼穹。風雪如狂路不通。虎口遙望窮碧落，天門俯視盡迷濛。身經雪嶺知天冷，人到冰川見玉宮。最是雲生雙袖裏，欲尋姑射問行蹤。

贈趙燕俠

京劇表演藝術家趙燕俠，舞臺生活六十周年慶祝演出，予觀《紅梅閣》、《白蛇傳》兩劇，聲容不減當年，為賦四絕。　九月二十八日

又見紅梅一曲新。廿年舊事已成塵。繞梁三日行雲遏，趙派聲容妙入神。

燕語鶯啼六十春。聲容絕世只斯人。鸝鸝已去秋翁老，寂寞歌場仗有君。

當年猶記說蘆塘。一把茶壺客滿堂。八面玲瓏誰敵手，典型留得老閻娘。

綠衣人是白頭人。滿座誰憑卻是真。依舊聲容當日盛，梨園君是藐姑身。

香港將於一九九七年回歸祖國，長城勒銘，

感而有作　十月二十六日

國恥百年一旦消。山河萬里入衿袍。長城絕頂望鄉國，佳氣神州日日高。

題尹光華山水冊頁　十月

荒寒一片何人畫，疑是杜陵野老家。行到江南尋舊夢，妙香始覺在蘆花。

贈韓國李東泉　十二月十七日

李生好古嗜且篤。負笈京華苦求索。初臨鄭公上下碑，繼以二爨筆有角。池水盡墨筆成塚，夜半猶以指劃腹。朅來三月不相見，使我炯然驚刮目。示我新書千字文，用筆深透如切玉。我謂李生且細聽，學書貴在精與博。十年一碑何足論，腹有詩書氣自馥。江山滿目鍾靈秀，筆參造化神始足。論書終極在於神，有形無神徒走肉。

君不見，山陰道上王右軍，千年神光破華屋。又不見，長安酒肆醉張顛，筆陣劍氣兩歘歘。君今正當在盛年，願奮長途萬里足。

題黃鶴樓感賦　十二月二十六日

十年初上黃鶴樓。三楚紛華眼底收。滾滾長江東逝去，蒼蒼煙靄盡西流。彌衡鼓點聲悲壯，鍾子琴韻咽不酬。我欲因風乘黃鶴，不知何處有高丘。

一九九六年（丙子）

題哈爾濱紅學會　二月一日

江城幾度話紅樓。滿眼青山未白頭。哈爾濱今冬無雪。雪地冰燈新境界，冰燈之雪皆從外地運來。烹雞炙鹿舊嬉遊。宏論四海佳賓集，妙義千層細細求。但使微茫能燭見，何妨名列第三流。

題固安縣屈家營鼓吹音樂會，所傳樂調，尚是元明間古調　二月二日

一部鼓吹六百春。農桑深處有遺珍。老來幸得承平日，洗耳恭聆太古醇。

題厲慧良　二月二十二日
慧良逝世一周年

字到鍾王有幾人。縱横揮灑見神行。為君一語千秋定，君是右軍劫後文。

敦煌古樂在京演出有感

三月十二日

一曲敦煌古樂新。千姿萬態茜羅裙。纖腰那更臨風舞，吹徹寧王玉笛春。

悼朱屺老

四月二十四日

屺老於一九九六年四月廿日上午八時四十五分逝世于華東醫院，享年一百零五歲。

悲聲海上動九州。舉世人傷失屺侯。畫筆曾驚天地外，胸懷淡泊似澄秋。耆年百五人間少，玉軸千秋策府稠。最是長城城上望，江山萬古筆端收。

畫史長年第一人。紛披彩筆泣鬼神。江山有待翁生色，天地無翁不氤氳。百草繁花為翁發，群岩眾壑為翁鳴。騎鯨今日歸去也，留得千秋萬歲名。

哭蔣和森

一

四十年前解夢時。新箋初罷即相疑。孤燈夜半商量後，深巷月斜獨自歸。

二

論玉一篇初問世，洛陽紙貴憶當時。千金何老雕龍定，從此蔣郎是硯脂。

三

雨暴風狂六月初。神州一夜盡焚書。才人千古窮途哭，楚澤行吟屈大夫。

四

聞君卧病欲探君。忽傳噩耗淚滿巾。千古文章才未盡，九泉先報曹雪芹。

一九九六年五月廿七日於德國南部馬克沃勃道夫城音樂學院，五月卅日改定於海德堡大學。

遊黟縣西遞、小桃源諸勝 八月二十一日

一九九六年八月二十一日重到黄山，俞宏理、趙光宇、章衛國導予遊塔川、小桃源諸勝，感而賦此。

闊別黄山十五年。重來更覺水山妍。此身幸有餘齡在，付與黄山餐紫煙。

哭周懷民老

一九九六年八月廿四日晨一時懷老去世，時予在屯谿，越日乃得電告。八月廿六日夜在揚州西園大酒店草成數詩，廿九日回京以詩哭之。

彩筆辛勤七十年。懷老終年九十歲，二十歲前即已作畫。大名誰與子爭先。忽然一夜乘風去，定是琳宮缺畫仙。

與公論道海西陬。滿架葡萄一院秋。怪道先生馬乳好，青藤長到筆尖頭。

與公論道太湖邊。落日蒼茫荻影天。怪道先生秋水好，浪花飛到小窗前。

與公論道梁谿濱。馬遠夏珪皆奇珍。玉軸牙籤歸天祿，先生愛國心比金。

與公論道在京華。風雨平生愧屢誇。古道照人高誼厚，送公遠別淚如麻。

痛悼端木蕻良先生　三首

端木老是著名老作家、著名紅學家，著有巨著《曹雪芹》，已風行天下，與端老處，有春風之和，有冬日之暄，前時尚聞病有好轉，忽然噩耗傳來，如聞驚雷，詩以哭之，藉作山陽之笛。

二吳送罷忒傷情。又送端翁只喑聲。紅事紛紛期卓定，如何一夢不回程。

《雪芹》半部傳天下，四海同人拜德薰。可是九泉曹夢阮，與公相約訂遺文。

相與研紅二十年。高風共仰我公賢。虛懷直似淩雲竹，一片春陽玉蘊煙。

題遼陽藝術節

九月十四日

年華逝水屬青春。妙舞翩躚動舊京。一曲紅樓情未了，他年再續石頭盟。

題金庸

九月二十八日

雄才如海不須量。健筆淩雲森劍芒。我讀金庸新小說，夜深澆酒到天光。

贈金庸又一首

九月三十日

奇才天下說金庸。帕米東來第一峰。九曲黃河波浪闊，千層雪嶺煙霞重。幻情壯采文變豹，豪氣連雲筆屠龍。昔日韓生歌石鼓，今朝寰宇唱金鏞。

丙子十月，天馬山拜先師王瑗仲公墓

十月十三日

七年一拜先生墓，雙淚潸潸感遇多。我本農家貧子弟，得公指點學吟哦。

當年猶記説南華。妙義紛披欲雨花。一卷逍遥未竟業，重來已是隔天涯。

馬少波先生八十大壽兼創作六十五周年紀念

十二月三日

筆走龍蛇六五春。文壇藝苑第一人。耄年更羡風神健，椽筆猶能將六軍。

一九九七年（丁丑）

題高振宇作紫砂陶牛

元旦

六十年前，予年十三，住浮舟村外父家，日牧牛而掛角讀書詩，今忽忽已白髮滿巔，見此觳觫，不覺童稚情親也。

掛角春風六十年。相逢我已盡華巔。願君昂首奮長足，邁步新開大道前。

題潘天壽先生百歲紀念

三月二十三日

畫苑同尊第一流。摩天靈鷲雁山秋。指頭潑墨且園後，青史永傳老壽侯。

青花歌贈陸履峻　五月十二日

十年不見陸履峻。隱姓浮梁作瓷人。畫筆新開青花徑。揮毫落墨生煙雲。忽如石田廬山瀑，忽如石濤黃山雲。忽如倪迂秋林晚，忽如大癡富江春。煙霞萬重無窮意，坐對淨瓷生白雲。瓷片入手化作紙，墨分廿彩猶未盡。嗟乎履峻何太苦，世途坎坷筆有神。十年崚嶒登峻極，返顧蒼蒼所來徑。元明青花俱往矣，請看新花滿園春。

贈徐邦達先生

書畫鑒評第一流。丹青墨妙越同儔。文章本在餘興外，更仰詞名滿九州。

一九九七國際《紅樓夢》研討會，周策翁以大詩『曹紅』見示，宋謀瑒兄依韻奉酬，予亦追陪其後，聊志勝概而已

八月九日於北京飯店

皕年佳會紅樓夢，回首滄桑倍愴神。喬木世家無剩跡，荒塚短碣有遺真。奇文四海爭研析，怪事九京出有因。願與諸公勤著述，一篇聊以慰秋磷。

一九九七北京國際《紅樓夢》研討會贈傅克誠書記

八月十三日

一夢紅樓二百春。重來已是隔年人。感君意氣濃於酒，厚誼高情比赤金。

題格登碑 九月三日

十年夢想到烏孫。萬里來參國士魂。今日格登碑下過，殘陽似血馬如雲。

題草原石人，石人為突厥武士，佩長劍當風兀立 九月八日

千里荒原有石人。當風獨立氣超神。遥知血戰玄黄日，一劍曾降百萬秦。

題烏孫墓 九月八日

荒草離離十丈高。解憂不是是馮嫽。武皇當日多深慮，異族通婚萬

世豪。

遊喀納斯湖，宿哈巴河一連，此處為中國之最北端，雖九月已寒冷徹骨，夜不能寐，枕上看窗外繁星若燦，口占

西行萬里到邊州。一宿戍樓百感稠。窗外繁星疑入戶，枕邊歸夢繞紅樓。平生行役今稱最，他日相逢話昔遊。明早揚鞭縱馬去，直奔哈八過灘流。

題高振宇作雨後青瓷瓶

九月二十二日

雨後青山別樣妍。綠波春草出天然。江南萬頃蠡湖水，引入書窗作

小旋。

題中華博覽　十月十七日

中華文物五千年。博覽神州事事妍。一冊圖書遍宇內，江山萬古有名賢。

一九九八年（戊寅）

題臺灣愛國人士何國華　一月九日

滿懷拳拳愛國心。故園父老感深情。為君提筆千秋定，君是中華第一人。

題譚鳳嬛臨《簪花仕女圖》

一月十九日

唐宮的的舊丰神。杜老長安幾度親。三日水邊花滿鬢，何須再問虢與秦。

題《黃山大雪圖》

一月二十四日

昨夜黃山大雪飛。故人約我上翠微。我今天寒腳力薄，空對清谿雪滿衣。含毫且作袁安畫，夢裏依稀雪掩扉。他日相逢把酒看，不知當時是耶非。

題雪中芭蕉

一月二十五日

予庭園中植芭蕉，長極盛，綠蔭蔽天，至冬仍不凋，奇跡也。一月二十五日，忽大雪，雪滿芭蕉，更奇絕。予急攝影存之。始悟昔王維作雪中芭蕉圖，非無據也，因為詩記之。

窗外芭蕉綠蔭多。瀟瀟夜雨聽鳴珂。忽然一夜西風緊，卻是王維舊雪圖。『圖』字借韻。

憶太湖

二月五日

一别故鄉五十年。夢魂常繞太湖邊。蠡園月色梅園夢，恰似春雲到眼前。

題　畫

二月八日

一曲清谿繞我家。孤松絕巘兩無邪。閑來抱膝谿邊坐，心逐流泉到海涯。

題元康元年磚　三月六日

予在安徽壽縣博物館見元康元年磚，銘文已具楷行筆意。

誰道蘭亭不是真。元康磚字亦晨星。楷行卻比蘭亭早，六十年前已報春。

題《東坡泛舟圖》　四月七日

玉堂想見老東坡。一葉扁舟萬頃波。宦海遠超滄海險，清風明月聽漁歌。

題《萬松撼碧圖》　四月七日

萬松撼碧有危樓。百丈高峰接空浮。中有幽人人未識，挑燈夜夜看吳鉤。

題譚鳳嬛臨唐寅《四美圖》　四月七日

依然學士舊風流。翠黛簪花豔滿頭。裊娜腰支纖又瘦，弓鞋細步惹人愁。

自績溪赴屯谿，一路密雨，車中口占　四月十二日

黄山一路雨濛濛。滿眼青蔥緑意濃。最是山家筍味好，村飯能食幾孫龍。

題新得太湖石　四月二十七日

鏤雲裁月是何人。萬竅和鳴只片唇。玉女窗虚延夜月，桃源洞邃待秦民。春風吹出洼窩密，夜雨同奔百寶囷。待得先生揮畫筆，一齊

收取入圖新。

編《夜雨集》畢，率題一絕

八月五日

舊日文章似故人。重溫倍覺別情親。眼花更作千秋定，莫教瑕疵誤後津。

悼馬振俠

八月二十四日

一九九五年九月，予來南疆，識袁振國、馬振俠兩君。予至塔什庫爾干、紅其拉甫，振俠均陪同，臨別約明年重來。翌年，予因事繁未來，今年予事更繁，然故人之約不可違也，因決心再到喀什，雖道途坎坷，而終於八月二十三日到喀什。至則振俠已于數月前不幸車禍亡故矣，聞之慘然，因賦此二十字，以志痛悼。不用舊韻，率作口語，見真情也。

萬里故人來。不見君可哀。崑崙風雪夜，流水細細裁。

臺北雙谿拜大千先生故居 九月十七日

重到雙谿拜故侯。髯仙還是舊風流。江山萬古西川筆，卓立崑崙最上頭。

題金塔寺 二首 十月七日

一九九八年中秋後一日，夜四更，在酒泉，月色如銀，恍如白晝，不復能寐，起步迴廊，對月吟成。

馬蹄參罷尋金塔，百轉羊腸繞雪嶂。黄葉丹崖共一徑，寺門高掛碧霄垠。

千峰踏過到禪門。飛閣懸崖百丈嶂。誰遣山僧關緊閉，心香一瓣且先焚。

題瓜州榆林窟　十月十日

輕車今日到瓜州。千佛榆林寶繪多。東洞更存無上筆，聖僧夜渡葫蘆河。

自題瓜飯樓校紅硯　十月二十八日

此硯為圓形，五色石，邵春風製贈，今不得春風信息已一年，賦此不勝悵悵。

團圞一輪海上月。中有玉兔搗靈藥。畫欄桂樹發秋香，詩魂鶴影兩清絕。研硃且續脂齋翁，黛夢釵痕俱惻惻。終古蒼蒼有至情，千秋萬世芹溪筆。

臺北贈胡示乃

人生聚散原無憑。豈料重逢碧海濱。五十年來多少事，為君剪燭到天明。

答符東明學兄

十一月三日

一別風儀五十年。飛來詩句冽於泉。滄桑歷盡千千劫，猶有冰心碧玉堅。

自題《祁連霽雪圖》

祁連高入碧雲端。霽雪千峰徹骨寒。我到名山悟佛意，人生無處不安禪。

題寧波梁祝公園　十二月六日

梁祝姻緣舊，紅樓歲月新。百年終暗夜，寥落幾晨星。化蝶原思綺，焚稿亦愴神。今朝新世紀，蝶夢栩栩真。

湘西吉首曹世卿送紫藤來即題

湘上移來藤一本。龍鍾道是太初生。莫愁枝葉凋零盡，待到春來滿紫瓔。

一九九九年（己卯）

題西藏當雄縣，縣在海拔四千米以上　三月五日

人到當雄已自雄。千峰頭白一湖蒽。欲尋仙界在何處，更上布宮三

萬重。

題仙遊寺

三月三十日

寺為當年白居易寫《長恨歌》處，仍為原建，予至時，正在拆遷。千年古建，名家名跡，竟爾拆遷，惜哉，予幸得一到也。

錯落千峰列錦屏。縈迴曲水碧波清。當年想見香山老，長恨一篇滿驛亭。

題譚鳳嬛《秋思圖》

六月二日

淚濕羅巾夢不成。舉頭怕見玉鉤清。無端又是團圞月，卻照秦關夢裏人。

李兆志羊毫歌

六月二十日

兆志羊毫妙入神。曲折隨意如通靈。大字能書瘞鶴銘，小字可寫黄庭經。古來俠士仗干莫，我輩書生唯秋穎。五湖四海汗漫遊，腰佩羊毫無遠近。年來亦作山水石，揮毫落紙憑管城。多謝兆志細擘理，一管在手敵萬金。出匣龍泉生寒光，毫端可見筆花生。兆志兆志多珍重，書聖畫師皆憑君，非汝不見王右軍，非汝哪有李將軍。

題貴州劉白雲畫師

七月六日

二石超超畫筆稀。天南又見白雲飛。神州自古多奇士，寂寂空山一布衣。

哭巫君玉　七月八日

風雨平生五十年。長安賣藥誇神仙。忽然一夜風雷急，貶向蠡湖數浪尖。

平生知己是巫公。半世憂患風雨同。纔到太平新日月，那堪采藥去無終。

老去　七月二十日

老去先生只自欣。此生未入俗流塵。楊江巫祝皆英逸，極目青天痛故人。

題畫　八月六日

幽居前後村。青山橫作垣。雞犬一相聞，拄杖不可翻。白雲自來去，時時得相喧。偶然一放舟，直到天涯門。

題蘇州老畫師畫山水　九月九日

秋江一曲晚風涼。酒罷猶聞玉笛長。吹到梅花三弄處，高山流水憶鍾郎。

贈漢劇名家陳伯華　十月十八日

高山流水憶當年。一曲紅梅結墨緣。漢上曾聽龍鳳曲，金陵又讀鯉魚箋。山重水復琴臺下，風急天高玉關前。翹首南天頻悵望，白雲黄鶴自神仙。

題畫 十月二十四日

秋到山村事事新。似花紅葉欲薰人。平生一事堪誇耀，家住江南黃葉村。

題畫二首 十二月五日

百尺峰頭夕照紅。拄藤獨立嘯秋風。神州多少繁華事，都在紛紛煙霧中。

獨坐荒江是底人。煙雲兩袖弄冰粼。平生不設絲綸釣，只送清流到濁塵。

慶澳門回歸 十二月九日

百五歸來慶一家。故園處處發新花。神舟寰宇遨遊日，曲曲凱歌到海涯。

題　畫　十二月九日

獨立蒼茫自詠詩。飛流天外壯吾思。緣何琢句清于水，只為紅塵不到斯。

題《華山圖》　十二月十一日

危峰萬仞臥蒼龍。杜老攜藤嘯晚風。韓子投書慟哭後，仰天太白吐長虹。

東山贈亞明　十二月十一日

當年猶憶渡江時。意氣風飛筆有姿。重見而今頭俱白，東山已是石田師。

作《華山圖》並題　十二月十九日

拔地參天第一峰。蓮花開到碧霄宫。黄河九曲天邊去，渭水東來勢走龍。百二關河秦塞險，擎天一柱太華雄。中華自古英風在，人到朝陽氣似虹。

題　畫　十二月二十日

幽谷深居好，松聲洗耳清。青山皆舊友，黄鸝是前盟。日日親飛瀑，朝朝弄碧泓。紛紛名利客，豈識樂幽情。

題天都峰，枕上作

十二月二十日

橫空出世一天都。步上鯽魚挹斗樞。我欲乘風飛去也，蓮花對我急招呼。

二〇〇〇年（庚辰）

元旦晨撞世紀鐘

元旦

百年一杵鐘。舉世報雄風。從此炎黃子，齊心建大同。

題　畫

一月十日

拄藤信步過橋東。欲覓鄰翁醉一盅。不道鄰翁山裏去，看花不畏立寒風。

題《黃山圖》 一月十七日

黃山不到又三春。最憶蓮花是故人。夢裏依然雲作雨。予第二次上黃山遇傾盆大雨。覺來惟見月華新。滄桑已換人間世，歲月難磨黛色青。多謝天公如有意，他年再結煙霞親。

己卯除夕，為予七十八歲初度，述懷有作 一月二十一日

雲海蒼茫寄此身。縱橫今古感微塵。滄桑閱盡人間世，百劫方知石友真。萬里流沙臨瀚海，千峰壁立上崑崙。平生壯旅今衰矣，奮翮猶思學大鵬。

枕上

二〇〇〇年一月二十一日夜，忽夢『文革』中老舍自沉，翦伯贊夫婦放

煤氣自殺，吳晗被鬥死，北師大劉盼遂自溺水缸中窒死，予最早被批鬥，復因吾師周貽白先生故被批審，周師挨鬥後患腦血栓癱瘓而亡……凡此種種，歷歷如在目前，醒後淒然有作。

枕上詩思夢裏情。覺來歷歷事分明。傷心最是玄黄日，萬國才人付一烹。

題《劉白雲畫冊》

一月二十五日

畫到如蓮有幾人。縱横點染率天真。請君試向天邊望，雲去雲來豈有心。

題《江南煙雨圖》

一月二十七日

畫到家山筆墨親。一花一草見精神。非關筆底添靈氣，我本桑麻老稽民。

題胡楊樹　二月三日

沙場直立一千年。倒地依然俠士眠。何物世間能似此，英雄只有胡楊先。

贈房峰輝將軍　二月十一日

喜聞房峰輝兄晉升正軍長並兼蘭州軍區副司令，詩以為賀。

有唐偉相房玄齡。繼緒賢昆出巨星。萬里安邊霍去病，千軍一律亞夫營。胸中百萬种經略，指上三千漢孔明。華夏中興逢大勢，男兒誓不負平生。

題葉兆信藏珊瑚峰

二月十一日

何人秘此玉珊瑚。曾入米家書畫辯。天意而今歸葉氏，芳園一曲勝天樞。

題《紅梅圖》

三月九日

鐵骨冰肌玉作姿。凌寒獨發瘦纖枝。玄冰百丈何須怕，鬭冷全憑好燕支。

題自畫葫蘆

三月十三日

自小青門學種瓜。老來依舊是生涯。一枝禿筆隨心寫，雨雨風風收滿車。

哭陳從周兄

電掣雷轟八十年。先生健筆似神仙。一枝瘦竹千行淚，憶得坡翁曝畫篇。

名園不可失周公。處處池塘哭此翁。多少靈峰痛米老，無人再拜玉玲瓏。

千載名園到海西。碧瞳也識個中奇。至今億萬虯髯客，拜倒先生筆底癡。

題吳新雷、黃進德兩教授合著《曹雪芹江南家世新考》二首

三月二十六日

新書讀罷意加親。事事曹家歷歷明。三百年來多少謎，兩公巨筆一澄清。

百年紅學亦紛綸。幾個書生樂苦貧。皓首窮經非易事，江頭又見絕癡人。

題孫博湖石

裁雲鏤月奪天工。瘦皺周身漏透通。不是人間太湖石，分明天上玉玲瓏。

何人得此玉屏風，蒼莽希微太古同。玄圃崑崙長積雪，天池阿母失其蹤。

感事

四月五日

有人謂《紅樓夢》脂本儘是僞造，言之振振，糾纏不已，因作纏藤圖，並繫以詩。

世事撩人夢不成。參橫斗轉已三更。荒唐滿紙憑空造，燕說郢書數此能。天下從無邪道立，人間亂後即正聲。十分糾纏休去解，留與先生好寫真。

饒宗頤先生賜贈《清暉集》，詩以爲謝　四月六日

一卷清暉萬古心。何人識得此中音。藐予未及程門立，多謝先生賜研尋。

自題小園　五月十一日

千載青藤已着花。小園春色釅於茶。請君望月峰前坐，綠蔭遮天老樹斜。

贈劉白雲　五月十一日

參透蒼蒼筆底要。蕭蕭風雨起南朝。輞川若見蓮翁墨，應悟洪荒本寂寥。

題　畫　五月十二日

已到秋光十二分。小園黃菊待陶君。芭蕉綠透芙蓉老，紅葉滿牆亂紛紛。

謝孫博送仙桂　五月十五日

一盆仙桂萬金情。移到廣寒已四更。怪道今宵秋氣重，蟾宮已失半枝橫。

贈王玉池

五月二十二日

解釋漢唐碑上字，縱横信筆已成癡。平生精研右軍跡，隨意揮毫顆顆珠。

憶黄山

五月二十九日

不到黄山又四年。春風約我白雲邊。松陰滿地桃花落，碧草如茵隨意眠。

題東林書院

五月三十日

五十年前舊夢遥。東林重到認前朝。依庸得入添蹤跡，獨立風標仰顧高。

為西安田禾題漢四靈拓本

六月五日

未央宮殿已成灰。風雨茂陵亦可哀。只有龍蛇靈物在，千年閱盡海桑來。

題浯谿一青年來信

六月十一日

聞道浯谿尚有銘。中興偉業繼前駉。中華錦繡河山地，好待後賢展雪翎。

題贈劉繼湘

六月十三日

岱宗在屋前。日日見雲煙。莫道尋常景，當磨鐵硯穿。

夢中得句『滿山雲霧裏，猶有六朝僧』，醒後足成之　六月二十九日

古木蒼煙遠，夕嵐暮靄昇。滿山雲霧裏，猶有六朝僧。

徐邦達老九十大壽，詩以奉賀　七月九日

華堂今日綺筵開。佳客雲從大駕來。謖謖青松巘下水，蕭蕭修竹雪中梅。清言笑語如疇昔，醉墨留題信手裁。遥祝華嵩龜鶴歲，一尊敬奉百年杯。

懷許麐翁　八月十日

京華初識竹簫翁。便欲提攜拜岱嵩。可惜村童心膽怯，遂令一世失真龍。

遼寧省府贈楊仁愷老以『人民鑒賞家』稱號，詩以為賀

蟠曲峨嵋不老松。先生百世一真龍。瀛洲方丈飄然過，萬國戶庭去來風。

又贈楊仁愷老

千年故國舊珠璣。百載誰能定是非。絕代楊公滄海眼，開卷半尺識精微。

楊仁愷老屬題羅啓蒙書《四體千字文》

人生識字憂患多。一字已甚奈千何。四體恁君精且熟，我從字裏見

風波。

感　事

十月

書法界評選二十世紀書法家，而無王蘧常先生，詩以志慨。

諸公不識王蘧常。錯把汪洋作斗量。世事從來皆如此，何須太息論短長。

題汪大剛大海揚帆硯

十月二十九日

大海揚帆萬里程。波平風軟好徐行。卿雲金點繁星燦，扶檻遥看旭日昇。

亳州顏語老贈詩，詩以答之　十一月三日

歲月悠悠別夢長。南州依舊翰墨香。高情猶憶天涯客，待到榴花醉一觴。

附來詩

敬致其庸教授　顏語

二十年前翰墨香。沁人依舊意情長。何時聚首再聆教，草舍迎師舉壽觴。

贈光年同志前輩

一

曾共名園把酒巵。清風明月細論詩。十年浩劫幸同過，老去相逢鬢已絲。

二

黄河一曲動神州。億萬男兒同寇仇。誓擲頭顱灑熱血，中華自古不低頭。

三

猶憶當年意態真。風生談笑即成文。先生直是生花筆，我是程門立雪人。

四

平生遭際實堪傷。射影含沙未識防。多謝先生為指點，始知身後有魑倀。

五

名園景物最難忘。踏雪松崗意興長。月色如霜良夜寂，唯聞佳語大河横。

花豁

十一月十九日

花豁又擬聽濤聲。月色遥看北海清。最是松蔭寂寂夜，深深歸夢不聞鶯。

悼鄧雲鄉

十一月二十四日

水流雲逝人安在。一尺遺書繫我心。多少京華夢裏事，天涯何處覓知音。

迎新紀

十一月二十五日

百年一瞬駒過隙，新紀長鳴到眼前。我欲披風追日月，千山萬水着先鞭。

送舊歲迎新紀

十二月三十一日晨枕上口占

一

長夜沉沉一百年。迎來歲月見新天。中華大好佳山水，留待今賢寫巨篇。

二

曾經歲月禍災多。無數英賢付劫波。一盞清泉和淚灑，春秋史筆正氣歌。

三

新開歲月自堂堂。記取前塵後事長。天下為公真至理，千秋萬代不能忘。

二〇〇一年（辛巳）

題《故山春思圖》

一月二日晨枕上口占

故園春草年年生。老去難忘放犢情。七十年來多少夢，夢中猶喚幼羝行。

《海南詩草》序

予於庚辰歲末，應友人之邀，來海南避寒，因得遍遊海南諸勝。辛巳歲朝後二日，予至儋州中和鎮，昔東坡貶謫處也。今尚存桄榔庵舊址、東坡井、載酒堂等。為之低徊不止。復數日，重遊中和鎮，得昌化軍古城，尚存西、北兩門，昔東坡經行處也。復至北門江，東坡汲江煎茶詩，即作於此，亦足俯仰。後數日，經通什至三亞，一路風景如畫，目不暇給，則何止山陰道上哉！至昌化江黃金谷，則罨畫谿山，雖輞川華子崗，奚足勝哉！晚至三亞，翌晨遊南山寺，復至古崖州水南邨、文廟，則唐李德裕、宋趙鼎、胡銓遭貶處也。地瀕大海，天盡地極，北斗京華，其孤臣忠藎之心可知矣，予為之低徊不忍去。復至天涯海角，則江山形勝，此為極矣。人生得遊於此，亦足自慰矣。凡予所經，皆紀之以詩，因曰海南詩草，記其實也。

辛巳正月十三日，公元二〇〇一年二月五日，

寬堂馮其庸七十又九歲序於海口旅次

海南詩草

二〇〇一年一月十三日，同菉涓遊三亞

雪地冰天到海口，嚴冬依舊覺春溫。我來南海尋詩跡，海雨椰風蜀子魂。

一月十四日，同菉涓遊天涯海角，途中率題

天涯海角路迢迢。宦海風波勝汐潮。誰識椰林風挾雨，詩魂鑄就繼前朝。

一月十四日在亞龍灣海濱食海鮮，有鼠子魚，味極美，為海鮮中之珍品

人到海南不記寒。漫天浪卷碧雲端。三千珍錯皆無味，為有一盂鼠子餐。

一月十九日夜二時不寐，枕上口占

三千亂夢夢還真。夢裏常尋渡海人。我到南荒添一歲，天涯賺得蜀翁親。

讀東坡集，東坡海南被奪屋，念之憤憤

一月二十日

一別坡翁九百春。大名依舊貫寰瀛。當年奪屋熏天者，糞土幾經入穢塵。

一月二十日擬去儋州，題桄榔庵

地北天南萬里塵。冰天雪地到南垠。心香一瓣無他意，來拜桄榔庵裏人。

一月二十三日為庚辰除夕，為予七十九歲初度（庚辰十二月二十九日，今年無三十日）時客海南感賦

匆匆歲月苦催人。草草杯盤七九春。治史豈曾窺司馬，研紅稍或通賈甄。天山七上尋阿母，蔥嶺兩登遇上真。此去流年如有富，扁舟欲訪海南濱。

辛巳歲朝（一月二十四日），海口同兆田賢伉儷、趙力兄同遊萬綠園

萬綠叢中萬點紅。遊人爭放鳶飛空。冰封北國寒天地，誰信瓊州夏更濃。

辛巳歲朝海口遊西海岸

海闊天空信有之。茫茫碧浪失邊陲。欲寬胸次如滄海，萬象縱橫盡我師。

辛巳元旦過海瑞墓

南天一柱海剛峰。駭浪驚濤不動容。留得堂堂正氣在，乾坤終古一真雄。

辛巳正月初三日儋州訪中和古鎮、

東坡書院並桄榔庵舊址

天南萬里拜蘇仙。短碣猶題學士泉。牛糞西頭尋舊路，桄榔庵在古泉邊。

一月二十七日儋州訪東坡故居 二首

投荒萬死一詩翁。欲死先生海獄中。誰識先生心博大，天為穹室海杯盅。南荒蠻俗為吾化，詰屈方音讓我通。千載黎民常奉祀，五峰山與大蘇公。

誰識天南笠屐翁。詞名早播大江東。瓊山有幸來文曲，滄海無心載筆雄。萬死豈遂魑魅意，此生自有吉神通。乾坤留得詩仙在，拔地參天第一功。

辛巳正月初五日，海口嚴寒，降溫至十度左右，予在京中所穿冬衣，盡已上身，猶覺不支，乃困卧重衾中，枕上口占，因初三日自儋州歸，詩以及之

嚴寒隨我到天涯。欲訪儋州學士家。載酒堂前花滿樹，桄榔庵裏盡豆瓜。中和古集今仍昔，昌化軍城一角遮。最是風燭東坡老，千難萬險意猶賖。

讀東坡儋耳詩　一月二十九日

寂寂東坡老病翁。淩雲健筆氣如虹。儋州海曲南荒地，雄視中原一掃空。

中和即事

一月三十日

中和初到似江南。半是水田半夕嵐。牛矢雞豨隨處是，西頭直到桄榔庵。

儋州東坡歌

一月三十日

東坡與我兩庚辰。公去我來九百春。公到儋州遭貶謫，我來中和吊靈均。至今黎民懷故德，堂上猶奉先生神。先生去今一千載，四海長拜老逐臣。人生在德不在力，力有盡時德無垠。寄意天下滔滔者，來拜儋州一真人。

二月三日遊古崖州城口占

春風萬里古崖州。贏得千年國士稠。我到荒城懷往昔，一杯欲奠五公愁。

辛巳正月十二日訪海南古崖州城，宋趙鼎、胡銓等流貶處也。自崖州再至天涯海角，海天無盡，低徊賦此

平生夢想到天涯。欲訪幽人處士家。萬古忠魂歸海域，一腔憂憤鬱浪花。無邊碧水吞天地，隻柱擎空捍物華。我自低徊天盡處，微吟不覺日西斜。

海口辭屈兆田兄歸京　二月三日

避寒初到海之涯。一諾感君意氣賒。古道如今金不換，唯君厚德更

無華。

二月三日，予陽曆七十九歲初度，兆田宴我于海濱，歸後感賦

海涯又見月當頭。七九童心尚未收。萬頃波濤天上下，一輪明月地沉浮。平生幾度狂風裏，此日方歸片葉舟。想得儋州蘇學士，人生天地等沙鷗。

題昌化江黃金谷　二月五日

煙雨谿山畫不真。奇峰相對更相親。小橋一曲沙鷗睡，谿畔山花滿路春。是處青山堪退老，昌花江即古秦津。勸君此地營茅屋，來作黃金谷裏人。

二月四日立春

南來不覺又逢春。滿眼青山春意親。久住海南君記取，花開花落不知頻。

二月六日，中和鎮尋得昌化軍古城，城外即大江。城門尚在，東坡汲江煎茶，常出入此城門

重到中和覓故屯。千年猶有舊鴻痕。當時遥想東坡老，拽杖行吟夜打門。

投荒萬死一詩翁。嘯傲東籬菊更濃。百首和陶詩寫就，酒尊應許覆千盅。

大江東去意縱横。汲水烹茶取碧清。想得當年蘇學士，荒城愁聽短

長更。『聽』字讀去聲。

慚愧當年玉糝羹。饑來驅我腹雷鳴。蹲鴟幸有中和好，贏得佳名慰世情。

渡海南來筆有神。前身本是謫仙人。千磨百折終難敗，腕底波瀾世絕倫。

先生本是儋州人。流落眉山客寄身。五指山前人億萬，千秋常祀大蘇神。

太白雄才五柳身。此生只合作孤臣。光風霽月岩岩客，南海歸來筆更神。

九死南荒學士身。詩文早已滿寰瀛。儋州海曲黎苗地，正待公來著姓名。

題通什昌化江靈石峪

一片洪荒太古真。女媧遺石盡輪囷。補天尚有千年約，再造玄玄待斲輪。

辛巳元宵，承文碧賢伉儷、兆田夫婦邀遊火山口公園，文碧設宴荔子灣荔林下，火樹銀花，極南海之盛，歸至文碧家，燃爆竹以為節日之慶，復進元宵，應令節而頌月圓人壽也，詩以紀實

火樹銀花不夜天。荔灣酒熟話新年。喜人爆竹連天響，餐罷元宵寫巨篇。

二月九日兆田夫婦設宴送別，諸友均來，俱依依惜別，予乃即席口占致謝

海南春到別離時。多謝高情酒滿卮。此後前程多努力，天涯明月共相思。

二月九日夜到京，十日晨枕上作

夢裏依然在海南。椰風細雨帶煙嵐。谿山難得黃金谷，此地宜修拜石庵。

二月十二日晨枕上口占

南海歸來筆更鮮。椰風淡蕩一谿煙。叢巒最是寒江好，亂插群峰水底眠。

《海南詩草》跋

予於庚辰歲末（二〇〇一年一月十二日）避寒至海南，二月九日夜歸京，共在海南二十又七天，得詩三十六首，皆紀實也。於東坡儋州，曾兩度往瞻，並尋得古昌化軍舊城門，此東坡昔年經行處也，予不勝高山仰止、俯仰疇昔之思，以為萬古靈氣聚於此矣！古崖州城，昔唐李德裕，宋趙鼎、胡銓、盧多遜、丁謂，元王仕熙，明王倬、趙謙等諸賢流放地也，碧海無盡，中原一髮，人生死生，已付蒼蒼，而諸賢以浩然之懷，俯仰天地，襟期照日月，肝膽獨輪囷，此中華之正氣，而萬古不磨之日月星辰也！予不勝低徊其間。昔趙鼎抗秦檜賣國，於崖州絕食而死，臨終有句云：『身騎箕尾歸天上，氣作山河壯本朝。』胡銓南貶，張元幹以《賀新郎》詞送別，詞云：『夢繞神州路。悵秋風，連營畫角，故宮離黍。底事崑崙傾砥柱。九地黃流亂注。聚萬落千村狐兔。天意從來高難問，況人情、老易悲難訴。更南浦，送君去。涼生岸柳催殘暑。耿斜河、疏星淡月，斷雲微度。萬里江山知何處。回首對床夜語。雁不到、書成誰與。目盡青天懷今古，肯兒曹、恩怨相爾汝。舉大白、聽金縷。』予徘徊古城，默誦長歌，留連幾不忍去，他日南行，自當再拜，故海南者，中華之聖地也，豈能以南荒目之哉！

二〇〇一年二月十九日跋於京東且住草堂

寬堂七十又九

謝啟功先生為拙展題標

傖荒一紙蕪城賦。虛費先生大筆揮。欲將餘歲供驅策，案邊硯側聽精微。

題寒山寺　二月十二日

昔時曾到寒山寺，來聽千年夜半鐘。漁火江楓兩不見，鐘聲依舊動蒼穹。

文　章　二月十四日

生死文章萬古情。千年猶感唏微聲。是非真假誰能溷，百代沿波晦更明。

題陸偉興所作拳石蒼松盆景　三月二日

尺幅寸心千里春。幽蘭拳石得天真。蒼松翠柏煙雲意，相對忘言到旭晨。

結　習
三月十五日

結習少年已盡除。唯餘翰墨與詩書。老來只覺年光少，幸有青山伴蔽廬。

當　年
三月十五日

當年豪氣未消磨。直上崑崙意更多。踏遍流沙千里道，歸來對酒一高歌。

題　畫
三月二十四日

一片江南澹蕩山。離魂幾度到鄉灣。如今始悟蘭成筆，詞賦衰年動塞關。

自題拜石草堂　四月九日

予新得湖石取名凝雲，瘦、皺、漏、透俱全，狀如停雲。周身洞穿，通透互連，至今無法計其孔數。高四米，重五吨，石之佳品也。置之園中，終日相望。

望思峰上月如霜。一片停雲坐對望。百載古梅龍蟄起，蒼松偃蹇欲扶將。野園只合山人住，草舍聊供逸士狂。待得明年陶令節，東籬醉倒八千觴。

題雪景山水

幾樹梅花發。夕陽寒欲落。山村不見人，幽香滿空谷。

題山水

平生身世等輕帆。過盡千峰又立岩。浪打青衫都濕透，新詩且向瘦囊緘。

奉題楊仁愷老寫真

僕僕風塵雪滿巔。九州萬國識龍泉。浮沉國寶憑存録，真假荊關待眼穿。沐雨樓頭箋百尺，櫛風堂上軸三千。蒼松岱頂雲端裏，百歲依然吐紫煙。

題《夢中故園圖》

一別故鄉五十年。青山當戶柳如煙。危樓百尺挑燈夜，問學難忘鄉里賢。

枕上得詩

少年身世未連餐。三日一瓜聊自歡。白髮而今粗一飽，秋風宿草淚汍瀾。

題《尋梅圖》

四面青山裏，梅花是故人。雪晴風暫歇，倚杖看嶙峋。

題《剪燭集》

往事如煙費檢尋。聊憑素紙繫琴心。十年桑海尋常事，只有青山似故人。

題陳佩秋山水

近水遙山筆筆精。直追兩宋到關荊。平生踏遍天涯路，都在先生畫裏行。

題陳佩秋畫荷花

仙子淩波筆墨香。橫塘月色照霓裳。如何一管生花筆，竟比詞仙意更長。

題陳健碧《清谿泛舟圖》

清谿一棹自迴舟。曲岸叢林事事幽。依約此情何處見，分明宋院舊風流。

題陳健碧

健筆凌雲不世才。江關烽火動人哀。千災百劫天成我，萬象縱橫筆底來。

題陳佩秋《蛺蝶圖》

翩翩粉蝶思蒙莊。夢裏還疑是趙昌。不見當年齊白石，秋堂蝶影有花香。

題陳佩秋《鴛鴦圖》

鳴禽紙上有崔黃。千載何人繼勝場。今日映窗驚健筆，秋塘風細睡鴛鴦。

題陳佩秋《青巒山居圖》

綠草如茵翠色濃。淙淙瀉玉響玲瓏。平生幾度天山路，萬疊青嶂數點松。

為范縣鄭板橋紀念館題

畫竹師清節，題詩勉古松。千秋天地間，要此板橋風。

贈周桂珍

壺緣卅載結芳鄰。摶埴聲聲月下聞。難得一門皆俊傑，顧翁含笑有傳人。

贈陳復澄

以刀作筆陶為紙，揮灑居然醉墨時。古往今來盤礴客，平生傾倒第一癡。

題黃山松 九月二十四日

看遍黃山千萬松。枝枝葉葉盡玲瓏。江郎空有生花筆，輸與天公霧雨風。

贈馮其庸先生七絕 三首 葉嘉瑩

維州當日記相逢。三絕清才始識公。妙手丹青蒙繪贈，朱藤數筆見高風。

我與馮公相識於一九七八年（按：應是一九八〇年）美國威斯康辛州

紅學會中，馮公曾當場手繪藤花一幅相贈。

研紅一代仰宗師。早歲艱辛世莫知。惠我佳篇時展讀，秋風一集耐人思。

一九九三年我與馮公再次相逢於馬來西亞大學所召邀之漢學會議中，次年又與馮公在北京相晤，蒙馮公以大作多種相贈，讀其《秋風集》之《往事回憶》一篇，始知馮公少年生活曾備歷艱苦，而能有今日之成就，其精勤力學之精神可以想見矣。

一編圖影取真經。瀚海流沙寫性靈。七上天山奇志偉，定隨玄奘史留名。

此次來京與馮公相晤，又蒙馮公以其近日在上海展出之『馮其庸發現·考實玄奘取經路線暨大西部攝影展』之圖影集一冊相贈。馮公以三絕之才，餘事攝影，探奇考古迥不猶人，此一圖集固當為傳世之作也。

題《秋瓜圖》

秋風庭院憶當年。鄰里難忘解餒賢。畫到秋瓜增感慨，故山緲緲隔雲煙。

題柳子谷畫家

萬水千山筆墨精。中華兒女作天兵。憑公絕代無雙筆，留得千秋萬世名。

題紅梅

鐵骨冰肌玉作鄰。寒崖百丈寄孤身。風霜雨雪周旋慣，要與乾坤一例春。

二〇〇二年（壬午）

贈許麐廬老畫師　一月二十日

一

相識平生五十年。風高浪急到華顛。揮毫猶覺青天窄，為有胸中藏大千。

二

我與先生結墨緣。竹簫齋裏參畫禪。由來六法皆末法，亮節高風是大堅。

自題《剪燭集》二首

一月二十日

一

剪燭西窗夜雨翻。懷人最是夢初溫。荒村月落柴扉舊，不見故人夜打門。

二

打窗急雨別離聲。都是淒淒客子情。午夜燈殘月半墮，問君何日是歸程。

自題紅梅

二月十日

雨雪冰霜玉作姿。廿年幽谷少人知。自從識得春風後，花發千枝又萬枝。

題吳江老　三月十三日

吳老於《炎黃春秋》發文章，讀後有感。

千古文章萬古情。篇篇擲地作金聲。韓潮蘇海當年事，又有吳公破浪行。

題園中初發海棠　四月二日

初發海棠嫩燕支。嬌紅一點惹人思。徐熙落墨天下少，怎及春風澹蕩時。我家庭院好風月。每到春來燕支雪。攜酒獨坐海棠下，忽憶東坡定惠日。斯人斯花不可見，空對嫣紅坐太息。君不聞，抽刀斷水水更流。莫對今花發古愁。不如更學東坡老，一花一飲消百憂。

題錢松岩師畫山水　四月二十四日

殘水剩山一角珍。程門回首隔前塵。滄桑劫後何人在，獨對遺篇淚滿巾。

題夢苕師金像，像為紀峰所造　五月八日

詩是崑崙鬱蒼蒼。文似黃河萬里浪。平生百拜虞山路，今日黃金鑄子昂。

注：此詩未依律，只從其意，遵夢苕師意，已刻在苕師金像上。

題啟功先生法書　五月十六日

一

臨風玉樹一枝斜。初筆蘭亭意態賒。五百年來修禊帖，幾人夢到啟

翁家。

二

平生苦愛右軍書。一帖蘭亭卅載餘。今日新參元伯字，山陰卻在市西隅。

送春

五月二十日

園中新植鐵杆芍藥，枝葉皆紫色，花作墨紫色，名品也。今年始花，甚豔，此花過後，春事盡矣，詩以送之。

半是鶯收半燕收。一春花事空綢繆。將離縱有燕支色，不繫春光只繫愁。

讀夢茗師《沈曾植集校注》　五月二十一日

蒼蒼海日萬峰冥。光耀千秋是此星。不有禹功疏鑿手，那能九曲一涇清。

題《紅梅圖》　五月二十八日

聞道梅花譽國芳。冰肌玉骨鬬嚴霜。洪荒歷盡千千劫，贏得人間第一香。

題和平畫店

百年歷劫到和平。重到和平喜氣盈。難得和平開此日，和平從此萬年亨。

題寒山寺　六月二十一日

一千五百年前寺，閱盡人間幾海桑。古刹鐘聲兩不變，共隨盛世到長康。

題季羨林老金像，像為紀峰所作　七月一日

學貫東西一壽翁。文章道德警頑聾。崑崙北海漫相擬，畢竟何如此真龍。

題陸秀夫紀念館　七月二日

飄搖社稷懸絲危。生死存亡日月悲。留得乾坤正氣在，清波一躍歎奇男。男，十三覃，借韻。

題東南大學百家論壇　七月八日

百年難得百家評。鬱鬱文哉動石城。虎踞龍蟠今勝昔，千秋學術在金陵。

贈臺灣劉昭湖　八月十四日

十載歸來意太深。故園風物最關情。贈君一瓣莊生瓠，浮海去來任意行。予園中新結大葫蘆，劉君喜甚，因以為贈。

題袁荃猷《剪紙集》　八月二十三日

浪說春風似剪刀。秋來已見葉先凋。袁家剪子真正好，雪後花開分外嬌。

尋夢　八月二十四日

紅樓一夢不知年。夢裏尋他眼欲穿。尋到幽微靈秀地，繁霜不覺已盈顛。

贈馮鵬生　八月二十五日

馮君著《中國印刷史》一書，據大量文物，駁斥海外所傳印刷術發明於外國之謬論，世界科學界纔於此論定。故予稱其為『定遠侯』也。

絕藝堪稱第一儔。著書又封定遠侯。平生高義雲天外，醉後還同五柳遊。

題《紅梅圖》　八月二十八日

雪骨冰枝驛路邊。風風雨雨自年年。天涯為慰傷心客，先報春光到眼前。

再題《紅梅圖》　九月五日

鐵骨冰姿玉作魂。嚴霜朔雪自溫存。忽然一夜春風到，滿樹花開天地春。

題《秋瓜圖》　九月五日

老去種瓜只是癡。枝枝葉葉盡相思。瓜紅葉老人何在，六十年前乞食時。

紀峰為造像，自題一律　九月十六日

壬午八月，予已過八十生日半年有餘，紀峰來為作塑像，因自題一律。

風雨相摧八十年。艱難苦厄到華顛。平生事業書詩畫，一部紅樓識大千。七上崑崙情未了，三進大漠意彌堅。何時重踏天山路，朔雪嚴冰也枉然。

題《秋風葫蘆圖》

九月二十八日

秋老西風葉半赧。霜藤滿地走龍蛇。何人識得先生筆，只有青藤與苦瓜。

題徽州王金生木雕五百羅漢像，像用漢金絲楠木刻成，長五米

十月十二日

御風今日到徽州。來拜修羅五百儔。寶木神工千載合，金光滿室耀神州。

題梁通藏黄遵憲長卷，卷首有錢仲聯師題字

十月二十一日

詩界革新數此翁。百年詩國人境雄。至今感謝苕谿老，六十年來注度公。

題新作《紅梅圖》

十月二十四日

嶙峋老樹一枝斜。月影夢痕到我家。借得窗前清瘦骨，揮毫直送到天涯。

再題《紅梅圖》

十月二十七日

傳家一本宋朝梅。鐵骨冰肌玉作腮。雪壓霜欺風雨打，丹霞依舊滿枝開。

題《丈人峰圖》 十月三十日

天外奇峰贊丈人。蔥蔥黛色入眉親。十年曾過青城道，夢裏猶存翠髻新。

題山水畫

夢想林泉得隱棲。萬峰疊翠繞清谿。飛塵不到浮聲絕，只有松風與鳥啼。

題山水畫 十一月六日

木落天清作遠遊。谿山為我意綢繆。平生一棹江湖趣，欸乃聲聲喚白鷗。

題山水畫　十一月七日

霜落薊門萬木秋。千山骨立老僧愁。年來識得其中味，坐擁群峰勝列侯。

贈王炳華　十一月十四日

瀚海滄桑覓夢痕。樓蘭又見小河墩。君家事業傳千古，卓犖群英是俊人。

再題《青城山丈人峰圖》　十一月十五日

立地頂天一丈人。孤標傲世出凡塵。一枝獨秀南天外，贏得千秋自在身。

休寧看古梅 十二月六日

看罷徽州十萬梅。清奇古怪盡仙胎。羅浮夢裏何曾見，定是藐姑劫後來。

閒情 十二月八日

秋月春花幾日休。黄蜂紫蝶各悠悠。閒情一縷無粘處，人自相思水自流。

題許錦文著《孟小冬傳》 十二月十一日

一

滄桑一代稱冬皇。絕世聲容絕世狂。憶自申江賞曲後，餘音半紀猶繞梁。

二

平生癡絕梨園心。荀尚梅程各賞音。只恨冬皇緣忒吝，申江一別影沉沉。

三

冬皇一去杳沉沉。流水幾人識雅音。多謝傳神文子筆，琴心得向紙間尋。

為朱仙鎮題民族英雄岳飛

十二月十七日枕上口占

千古精忠歎岳公。身經百戰氣豪雄。若非賣國君臣賊，直到黃龍指顧中。

賀寬堂先生八旬大壽

李廣柏

譽滿江南才子名。京華絳帳聚蘭蓀。坡翁妙手羲之筆，太白豪情五柳魂。百卷書成思夢阮，一鞭先著到西崑。先生提倡研究開發大西部，曾七次考察絲綢之路至葱嶺最高處喀喇崑崙四千七百米之明鐵蓋山口。漢唐文獻明清史，來日期頤掌上論。

馬來西亞胡大使宴請會上，即席奉謝胡大使、李金友、華總、星洲諸高朋

十二月二十三日

同氣連枝骨肉親。江山萬里碧波情。十年三到衆香國，贏得詩名又畫名。

二〇〇三年（癸未）

讀黃能馥、陳娟娟《中國絲綢科技藝術七千年》後為題一律　一月二十八日

兩命相依復相濡。艱難苦厄病災餘。寒燈共對研經緯，風雪沈門託付初。萬里關河尋舊跡，幾間陋室寫新圖。從今不負絲綢國，照耀寰瀛有巨書。

為中國書協書法講習班十周年題　二月十九日

十年磨劍劍鋒寒。秋水文章把臂看。看到公孫神妙處，滿頭白髮即霜翰。『翰』字讀平聲。

贈祝竹

細字金刀古鑑工。何人迂闊學黃公。揚州只有君子竹，秦漢歸來問牧翁。

題《秋風圖》

自種秋瓜色最嬌。嫣紅勝過赤鮫綃。籬邊屋角隨君擷，置向案頭慰寂寥。

題王京盙先生書法篆刻

四月二十二日

鐵畫銀鉤世所稀。斯冰千載有傳遺。金刀直造嬴秦上，知己平生感硯麋。

題　畫　四月二十三日

崑崙西上鬱蔥蔥。千朵蓮花碧海中。到此幾疑身是夢，一聲低吟萬峰同。平生踏遍天山路，幾度來參碧玉宮。此去藐姑無太遠，他年緤馬到閬風。

風白先生九十大壽，作《紅梅》以壽並繫以詩　四月二十四日

滿樹梅花萬古香。江南寄去路茫茫。憑將一片丹誠意，遥祝壽翁百歲長。

題　畫　五月一日

三上崑崙亦壯哉。萬山重疊雪蓮開。夕陽西下燕支色，爽氣東來白

玉堆。肅立千峰韓帥陣。奔騰萬馬奚官臺。問君曾到西天否，紫岫青巒逐眼來。

題瘦西湖　五月二日

一

西湖雖瘦要題詩。詩到西湖月上時。影裏西湖分外瘦，飛燕不敢比新姿。

二

絕世風流杜牧之。月明橋上亂題詩。至今留得名橋在，夜夜簫聲月上時。

三

十年不到瘦西湖。白塔紅橋夢裏呼。最是五亭橋下月，團圞還似舊時無。

白衣戰士歌　五月九日

大疫天降舉世驚。白衣戰士鏖戰塵。抗天災、戰細菌、救病人，前赴後繼人人奮。不畏艱難不怕死，愛護人民勝自身。不滅瘟神不下陣。氣壯山河振人心。驚天地，泣鬼神。白衣戰士人人愛，白衣戰士人人敬。白衣戰士中華魂。

賀周桂珍榮獲雙大師　五月十二日

絶藝天工繼顧公。人間贏得兩師雄。寒梅歷盡冰霜劫，一點丹心更不同。

為梁白泉兄題雨花石　五月三十一日

漫天紅霞倏星河。出世崑崙白雪多。咫尺匡廬風雨驟，夢成萬象一青螺。

題《尋夢集》　六月六日

卅年尋夢到侯門。予研紅樓抄本，證實己卯本是怡親王府抄本，為紅學界所公認。尋到三生石上魂。一九六八年『文革』中，張家灣農民李景柱發現曹雪芹墓石，未敢公開。一九九二年出此石，請予鑒定。予諦觀絕無可疑，的為雪芹葬物，後史樹青、傅大卣諸先生往考，皆定為真，無可疑者，社科院劉世德、鄧紹基、陳毓羆諸君亦一致認同。今此石存通州區博物館，予得其拓本，上海謝稚柳、唐雲、潘景鄭、徐定戡、周退密諸公均有題詠。解道無中原是有，何須着墨費爭論。有人因此石上有『壬午』署年，與其所主雪芹死於『癸未』說有礙，竟說此石是偽造。

題重印甲戌本　六月十三日

殘墨飄零到海隅。滄桑劫後問何如。河間君子鴻痕在，更喜當年一紙書。予得劉銓福跋唐明皇求道金簡拓本。劉銓福，甲戌本原藏主也。

再題一絕　六月十四日

半世飄零到海西。故家喬木路萋迷。一從靈石歸來後，鴻爪漸漸辨雪泥。

枕上又題一絕　六月十五日

百年紅學路正迷。古本瑰然別一蹊。多謝脂翁來指點，漫漫長夜一聲雞。

再題甲戌本，感雪芹身世而作也

頙年身世兩茫茫。留得傷心墨數行。千古不磨心底血，洪荒萬劫斷人腸。

題賀友直上海風情畫卷　七月十三日

卌年舊事已成塵。一見斯圖淚滿巾。我與先生同歲月，胸中往事自輪囷。

海英為予打《瓜飯樓重校評批〈紅樓夢〉》稿，困難重重，詩以勉之　七月十五日

風雨艱難感素心。由來絕巘苦攀尋。為君一語先論定，百尺峰頭到碧岑。

題易水紅樓硯　七月十五日

補天遺石鑿紅樓。一部紅樓返石頭。鬼斧神工何處有，蕭蕭依舊易水流。

讀某君論《紅樓夢》文章感賦　八月二十五日

一夢紅樓萬衆趨。幾曾解夢到靈樞。我今探得桃源路，卻道秦人是誤區。

題《墨梅圖》　八月二十七日

疎枝低亞小窗寒。一樹瘦梅帶雪看。不與夭桃爭豔色，寸心早比紫金丹。

為張強民畫墨梅題詩　九月二十九日

原是羅浮夢裏身。無端仙影落凡塵。多情只怪張郎筆，偷寫瑤臺玉女真。

題黃山圖懷海翁　十月六日

畫到黃山憶海翁。海翁浩氣貫長虹。眼前七十二峰在，個個低頭念此公。

懷錢仲聯師　十月二十一日

二〇〇三年十月二十一日（舊曆九月二十六日）重過姑蘇，再拜夢苕師，時師患癌症已擴散，甚清癯，猶兀坐待予至，低眉細語，不忍聞也。

一

秋老姑蘇又一過。金閶門裏拜維摩。拈花丈室悽然語，使我心頭淚暗沱。

二

先生老矣癯且清。兀坐低眉一古真。拜罷維摩灑淚別，重來能否見先生。

欣聞我載人飛船上天成功，喜極而賦

十月十五日

神舟今日上青天。十億黎元喜欲顛。正恨美人能傾國，難忘海賊起烽煙。中華奇男九霄出，一箭洞穿萬仞堅。四海從今烽火熄，和平永葆億斯年。

壽虞逸夫老九十華誕 十月二十五日

逸夫老子似青松。雨雪冰霜氣轉雄。思比驚風飄白日，筆如海水走蒼龍。世間豈有神仙客，此老真仙落世蹤。他日乘風羅水去，麓山峰下拜仙翁。

題俞平伯老詩卷 十月三十日

一

當年猶記拜程門。跣足扶牆笑語翻。盛說梓翁園冶好，大觀園倩再重論。陳從周兄別號梓翁，治古典園林著名於世，與予同往。

二

平翁一去十三年。重睹遺篇思黯然。太息秦州詩句好，依稀猶是亂離篇。

一九七八年予遊牡丹江鏡泊湖，曾有詩留題，予已忘卻，宋德胤君持詩來求書，予始憶之　十一月六日

湖光山色共爭妍。別造奇觀在九天。不是嫦娥遺寶鏡，定將驪玖落人間。

題《雙松圖》　十一月六日

三十年前見老松。盤盤偃臥似真龍。而今際會風雲日，直破九天到雪宮。

哭夢茗師

自十二月四日下午二時得知夢茗師去世消息後，病中身痛（予患帶狀皰疹）心痛，轉輾不已。積數日，乃為悼詩十章。今病略減，稍加序次，不敢云詩，長歌當哭而已。

十二月八日

一

噩耗傳來慟失聲。茗師從此隔音塵。程門六十年間事，回首滄桑淚滿巾。

二

日寇初降舉國歡。茗師接我五湖干。焚香先作深深拜，從此先生刮目看。

三

艱難文革可憐年。換米攜將陸子箋。我與茗師勤擘畫，終留全集到人間。『文革』中先生生活困窘，寫信給我欲賣掉他箋注的《陸放翁全集》稿，我勸他萬萬不能賣，終於保存了此稿，今已出版。

四

文革將收又評紅。姑蘇再拜夢苕翁。先生指點瑞雲石，此是曹家舊影蹤。原蘇州織造府花園中有瑞雲峰，是曹家故物，今尚存，由先生帶領我去參觀。

五

天荒地老覓梅翁。石壁山前得舊塚。我與茗師同展拜，新詞一闋祭詩雄。吴梅村墓予於十數年前考得，後加重修，去歲，偕先生展拜，先生作《賀新涼》詞紀實。

六

去歲茗師患惡症。三天住院即回程。誰知徹夜揮詩筆，賜我長歌氣峻崚。

去歲，先生因癌症手術住院。手術後不數日即堅持回家，竟以一日夜之力，賜我七百字之長詩。

七

今歲茗師病益深。秋間相見淚涔涔。誰知此別竟長別，噩耗傳來涕滿襟。

八

歸去茗師天地哀。江山從此失奇才。孟公一去蔡州慟，五百年間不再來。

九

茗師歸去天地秋。萬木無聲只低頭。我識天公悲切意，長才如此不可求。

十

茗師去矣萬心春。花圈白幡接素龍。恨我京都纏病榻，南天淚雨送吾公。

謝王麟鵬大夫

十二月七日

癸未冬，予患帶狀皰疹甚劇，痛不能寐者兼旬，得王麟鵬大夫針灸治療，霍然而愈，詩以為謝。

千經百絡一針通。萬病能除仗絕功。自古中華多逸士，神針奇絕歎王公。

記夢　　十二月二十五日

雪顛，予鄉友也。逝已十年，予近方知。忽於夢中見之，詩以紀實。

夢中喜見雪顛生。少解平生苦憶情。未識近來能飯否，緣何不似舊聲音。

題横枝盆梅　　十二月二十七日

横斜喜見一枝春。幾點花星最動人。已是嶙峋千載態，更成冰雪歲寒身。分明欲作龍騰去，回首猶戀往日親。寄語孤山林處士，論心還是舊朋真。

題電視《紅樓夢》播放二十周年　　十二月

二十年前攝紅樓。天機一片花半羞。而今重拾秦淮夢，花自爛漫人白頭。

二〇〇四年（甲申）

題釣魚臺國賓館書畫展　一月十日

一

九畹新栽屈子蘭。香飄百里萬人看。荒園今日多辛苦，會見他年一片丹。

二

千年古國已更新。昨日飛船到北辰。自古中華多異寶，憑君一洗兩朝塵。

題王良旺將軍《雲天浩歌集》 三月二十三日

豪情激蕩讀君詩。我亦流沙七度馳。馬上多君能殺敵，揮毫儘是瓊琚辭。

題山水冊頁 五月九日

小橋一曲水東流。此地曾留客子舟。闊別故鄉五十載，故人相見盡白頭。

校評《紅樓夢》罷，率題兩絕 五月十日

老去校紅只是癡。芹溪心事幾人知。惟將一把傷心淚，灑向蒼蒼問硯脂。

一夢紅樓五十年。相看白髮已盈顛。夢中多少憂生意，老去方知夢

阮癲。

題　畫　六月九日

縱橫亂插群峰秀，壁立千尋絕巘幽。不信人間真境界，分明前代李營丘。

題　畫　六月十一日

一生好入名山遊。此地宜修讀易樓。世上浮名都是假，懸泉飛瀑共清流。

題趙樸老書札　六月十四日

右軍書帖渺鳳星。海外流傳徒影形。不及趙公親筆札，鍾王真法寫蘭亭。

右軍一去百千年。筆札神龍渺野煙。今日趙公書一卷，通天寶帖出人間。

題《深山讀書圖》 六月十五日

半生碌碌困囂塵。難得名山可結鄰。一卷南華燈下讀，始知身在太古醇。

俚歌為馮鵬生題黃賓虹山水長卷 六月三十日

平生獨拜黃賓老。董巨馬夏一筆掃。胸中丘壑藏千萬，筆墨神妙到秋毫。昨夜鵬生捧軸來，開卷滿室生光耀。我驚寶物何處得，馮君一一為我道。賓翁受法維揚陳。九十未忘報師恩。寫此溪山深處圖，千秋畫筆任吐吞。滄桑世事波瀾多。此圖流落如糞土。蠅污塵封數十載，寶物幸未遭劫波。天教神圖歸識主，馮公絕技起生死。殷勤洗剔慎補綴，更以瓊漿養護之。江山重復生光輝，筆墨蒼潤生華滋。我欲焚香告賓老，此圖今已得真主。從此寶圖不再劫，千秋墨華傳萬世。

題　畫　七月二日

平生兩上崑崙頂。袖裏時時吐白雲。只覺青天摩我髮，不知身在最高層。『層』字借韻。

題　畫　八月二日

群山簇簇忒嵯峨。百丈懸泉瀉玉波。我欲奇峰結茅屋，焚香靜對病維摩。

題饒宗頤先生書畫 八月十日

蒼茫渾樸率真醇。萬卷胸羅偶寫真。賦得山川靈秀氣，飛來筆下了無痕。

題王蒙《活說紅樓》 八月二十五日

清才浩氣屬王蒙。一部紅樓活說通。往事千年皆正史，心傳一脈古今同。

題蔡毅強印存 八月二十七日

金蚪玉箸久荒涼。舉世何人繼李陽。難得江東蔡季子，銀鉤鐵畫溯秦唐。

題山水畫

九月二日

湖光山色逐人來。煙靄紛紛撥不開。為欲長天舒望眼，凌雲直上最高臺。

九月五日，予飛烏魯木齊，機中悟雪芹撰《石頭記》深意，詩以記之

假語村言夢已荒。途窮阮籍底癡狂。傷心血淚何人識，豈止幽情痛斷腸。

九月十四日，偕邢學坤、寧孝先、賈強、朱玉麒、常真及蒝涓、海英重遊鐵門關，昔張騫、班超、班勇、鄭吉、玄奘、岑參所過之關也，詩以記之

一

六年重到鐵門關。流水依然白草斑。欲上峰頭舒望眼，漢唐故道尚灣環。

二

蒼山萬疊鐵門關。一騎當關萬騎還。此處由來鏖戰地，雙崖壁立血猶殷。

三

千古雄關此鐵門。鳥飛不度馬無痕。古來多少英雄士，驚世奇勳第一闇。夜三時半，枕上口占。

讀《大唐西域記》玄奘至尼壤並前指納縛波、樓蘭有感　九月十九日

樓蘭故國尚依稀。杖策東歸雪滿衣。萬死艱難逾大漠，熱風吹送一僧歸。

題《綠水獨釣圖》　九月二十九日

青山綠水對門居。出沒風波只打魚。世上都知鱸味美，哪知風浪險斯如。

題紀念曹雪芹逝世二百四十周年揚州國際《紅樓夢》研討會　十月十一日

江城兩度話紅樓。四海佳賓聚一州。多謝殷勤東道主，紅樓宴罷論

曹侯。
紅樓一夢假還真。世事煙雲過眼塵。只有真情傳萬古，年年歲歲新更新。
紅樓盛宴古今無。陸海山珍亦枉謏。多謝主人神妙手，一盤茄鯗壓天廚。
紅樓宴好淮揚秋。指點江山覓故侯。幸有天寧寺仍在，寺前尚有御碼頭。
紅樓一夢夢正長。夢裏曹寅字裏藏。忽報小金山下路，當年畫石尚留牆。

此會原定二〇〇二年召開，因非典流行遂改為今年十月在揚州召開。《紅樓夢》第五十二回『自鳴鐘敲了四下』句，脂批指出是避『寅』字諱。瘦西湖舊有曹寅像碑，後傳說已砌入月觀牆內，至今尚未再見。

題紅梅　十一月七日

庭中老梅樹，千年更著花。豈止色愈豔，暗香滿天涯。

十一月十九日夜不寐，枕上口占

夜半醒來夢不成。詩魔伴我聽五更。星沉月落天光晦，只待鄰雞報曉聲。

題蕭風書法集　十二月七日

一

多君畫筆兼詩筆，字裏鍾王字外馨。我亦含毫噙墨客，可能攜手日同行。

二

羨君書記正翩翩。詞筆春風畫筆妍。更有蘭亭新禊帖，山陰妙法得俊賢。

唐雙寧狂草歌

十二月二十五日

予讀唐君狂草，如少陵觀公孫劍器舞，又如讀太史公書項羽破秦軍百萬諸侯軍山呼震嶽，又如聞雷轟電掣，聲光掃寰宇，復如聽梧桐夜雨、二泉映月，其奧微處在微茫之間，當以神會也。因為作狂草歌，略抒所感而已，不依韻律，一以吾鄉音順口為准（吾鄉音多留古音，並存入聲字），惟求適意，不足稱詩也。

疾風勁草讀君書。君書都是劍器詞。忽如驚風飄白日，忽如鯨魚破蒼波。忽如羿射九日落，忽如大禹劈山斧。忽如長橋斬蛟龍，忽如高天射雁鶩。忽如電掃四海黑，忽如雷轟山嶽舞。忽如蒼茫微月出雲海，忽如旭日東昇萬象呼。忽如秋雨梧桐飄落葉，忽如漫天風雪銀裝素裹萬里江山瑞雪賦。忽如鐵馬金戈十面埋伏九里山，忽如破釜沉舟鉅鹿大戰諸侯觳觫壁上呼。忽如劍閣聞鈴淒涼夜未央，忽如平沙雁落萬鷗翔集霜天曙。忽如二泉映月哀弦回腸聲聲苦，忽如昭君出塞胡沙萬里琵琶聲急鐵馬馳。忽如澹蕩春風三月天，忽如柳絲飄拂豔陽時。忽如梨花院落溶溶色，忽如江上聞笛千里月明倚欄思。要之君書獨得天地造化靈秀氣，只有山河大地五嶽風雲堪與相吞吐。

二〇〇四年十二月二十五日草

二〇〇五年（乙酉）

悼周雁

一月八日

望斷南飛雁，驚鴻已西回。尋根今又到，怎不令人哀。

題丘挺《富春山居圖》

一月二十三日

甲申十月予遊富春江，覓大癡隱居處，茂林修竹，煙巒無盡，至夕，山氣愈佳，幾疑置身於大癡圖中矣。歸來忽見此卷，覺其筆墨能得大癡神理，用筆蕭疏簡遠，展卷細讀，為之神往。

富春山色鬱蔥蔥。無數奇巒煙雨濛。想得大癡蕭疏筆，百年又到此圖中。

甲申除夜懷瀋陽楊仁老　二月八日

四海楊夫子，乾坤獨此翁。風煙迷遠近，何日醉千盅。

乙酉歲朝試筆贈吳江大兄先生　二月九日

滄海狂瀾筆，潮洶動地文。平生磬折盡，舉世獨餘君。

喜聞甲戌本歸來，賦詩志賀　三月五日

一

異域飄零五十年。相逢西海一愴然。一九八〇年夏，予在美國威斯康辛大學開會，曾借閱此本一周。何期竟作歸來賦，石返靈山結宿緣。

二

古本斑斕坎坷多。荊山奇璧亦蒙訛。如今不必和人泣，頑石靈光掃萬魔。至今尚有人著書稱甲戌、己卯、庚辰諸古本爲僞書，真妄語也。

題《谿山無盡圖》手卷 三月二十六日

一

掃葉金陵尚有樓。江山萬里谿吟眸。年來獨喜龔翁畫，萬壑千岩得絶幽。

二

老病長年作臥遊。揮毫偶亦寫清幽。千峰競逐來毫底，卻問千翁是也否。

夜飲 三月三十一日

清夜沉沉夜色重。先生酒渴似狂童。起尋櫝内藏餘瀝，坐覺饑腸一展容。三盞揮灑天地闊，一壺已盡興轉濃。揮毫疾寫蒼松影，倚仄全同樂醉翁。

狂　草

四月二十日

揮毫落紙氣如虹。一片神行太谷中。萬象縱横皆野馬，獨憑玄覽斥揮雄。

題行草《正氣歌》書尾

四月二十八日

卅年猶記苦生涯。醉裏狂書滿紙差。已擲還留多少意，情深那計鴉字斜。

題東坡墓

四月二十九日

鄭州開會時，擬去東坡墓展拜，預題一絕。

宦海風波畢此生。坡翁百代一真英。嵩華不改長河永，要共先生萬世青。

為黃苗子老題傅青主《聽書圖》

五月九日

七十年前村居，予方童稚，常聽鼓詞，有浩然正氣者，亦多是非顛倒者，聽者唯求捧腹而已。『文革』中予讀『四人幫』報紙，則盡皆是非顛倒，令人憤憤矣！黃翁此畫其意在此乎？因慨然打油。

一

荒村月落已三更。猶有鼓聲喚入場。天下是非隨意說，管他遺臭與留芳。

二

遊戲觀場張夢憶，聽書矮屋傅青山。文章氣節兩奇士，也共村翁一展顏。

讀可居先生書陳小翠詩，忽憶當年情事，詩以傷之

五月十六日

一

老來又讀翠樓詞。忽憶淞江拜識時。絶世清幽人罕到，梅花瘦盡只餘詩。

二

半世風波隔沸塵。夢中時見作詩人。蘭畦詩苑竟何在？只在閬園楚澤濱。

河南郟縣拜大蘇墓

六月三日

一

常州拜罷又儋州。再到河原覓故侯。天上玉堂仙逸客，一枝彩筆埋荒邱。

二

平生拜倒是東坡。湖海襟期坎坷多。詞筆如傾三峽水，畫圖妙絕文與哥。

題雲臺山黃龍潭

六月九日

初到雲臺第一潭。碧波如玉瀑聲酣。人間何處清涼界，只有黃龍可結庵。

題茱萸峰　六月九日

平生初識茱萸峰。憶得輞川詩句雄。畫裏有詩詩有畫，畫家從此開南宗。

哭啟功先生　七月一日

予與先生交，垂四十年，近十年問教尤多，先生入院前，尚屬人以書贈予，不意竟成永訣。噩耗傳來，痛摧心肝，詩以哭之，不足盡悲懷也。

一

噩耗飛來慟失聲。啟翁百世隔音塵。曾經萬劫千難後，從此無陰也無晴。

二

縱横畫筆自千秋。字字鍾王萬世留。一字千金何足貴，神州無處可搜求。

三

相識平生四十年。問書常到小乘前。生花妙筆時揮灑，教我勤參筆底禪。

四

往事如煙似夢中。先生依舊笑談雄。分明謦欬皆珠玉，誰信今朝轉眼空。

五

慟哭先生去太匆。萬民都欲仰高風。從今問字排難日，一炷心香拜淨翁。

七月七日同運天送啟功先生大歸

一

傷心含淚送公行。從此幽冥隔路程。夢裏縱然來會見，只怕燈昏認不明。

二

先生一路須慢行。遇到崎嶇不可驚。世上風波都歷盡，何愁小鬼再施横。

三

先生歸去勿匆忙。手裏輕藤莫暫忘。遇到狂徒須痛打，崎嶇暗徑要提防。

題《訪幽圖》

七月二十四日

芒鞋竹杖訪幽鄰。山入奇峰太古醇。行到峰迴路轉處，但聞吴詠卻無人。

大地

八月五日去紅廟途中口吟，時即將再去新疆崑崙山也。

大地蒼茫世途寬。江山日日換新觀。如今又踏西征路，垂老崑崙再結歡。

題畫

八月七日

天際眉痕淡若無。青青黛色憶當初。何時得遂平生志，一棹輕舟泛五湖。

迎遲小秋進京　八月十日

新到京華又一秋。滿城盡説似程侯。玉堂春與竇娥怨，曲曲魂銷萬古愁。

喀什重來　八月十三日

喀什重來舊雨多。全羊席上酒如河。動人最是風情舞，一曲清歌震九州。

登帕米爾高原，剛入山口，即遇泥石流，公路被沖斷，車陷泥流中，經搶救纔脱險，詩以紀實　八月十四日

洪水滔滔失要津。千峰壁立上崑崙。平生不怕風波險，要從險處見

精神。

題公主堡 八月十九日

昔日久聞公主堡。今朝來覓舊巢痕。奇峰亂插横流水，古道依然到古屯。

讀周退密老詩 八月二十二日

一

九十衰翁詩筆健。唾壺擊碎讀新篇。平生獨愛退翁句，戛玉敲金字字圓。

二

四海何人敲短韻。申江尚有周先生。新詩卻比梅花瘦，老幹槎枒鐵骨錚。

三

不見稼翁已十年。更無消息到窗前。舉頭常望中天月，料得清光到枕邊。

哭周紹良先生

八月二十三日

一

啟翁哭罷哭周翁。從此文場失兩雄。百載原期傳舊業，如今萬事已成空。啟翁於六月卅日夜逝世，周翁於八月廿一日夜逝世，相隔僅五十二日。

二

先生與我舊緣深。六十年前結墨林。難得一回聆雅韻，始知易水有真音。上世紀五十年代中，周先生與張子高、張絅伯等先生籌組墨會，各出藏墨賞鑒，特邀予與會，予曾數往。後因故停止，然予因此略知墨道也。

三

先生與我曾結鄰。恰好東西互對門。難得樓頭初一見，絮言兩忘計時辰。初，予到京住張自忠路人大宿舍，予與先生長女對門，先生常來，故得時時相見。

四

先生紅學是鵬鵾。兩卷新書育後昆。到老難忘脂硯事，書來勸我要深論。先生所著《紅樓夢卷》及《紅樓夢書錄》（與朱南銑合作）、《紅樓夢研究》嘉惠後學，至今不替。

五

先生内典忒精醇。與我論談古像真。話到秦州麥積寺，摩崖大佛尚無論。先生是中國佛教協會常務副會長兼秘書長，與趙樸老共事，故精於内典，尤長於鑒定佛像，予曾以金銅佛像照片數十幀請教，先生能確指各像之時代，甚至産地。並為予述麥積山三大佛，至今尚無人能證其出自何經。

六

先生去矣萬般空。南望平疇淚灑風。往事仍如常日去，傷心從此不重逢。先生晚年住京東黑莊戶，與予相去甚近，在予南面，而平疇相隔，四圍緑野，相望而不相接也。予曾多次往訪，歡若平生。先生或時以電話相通，以慰岑寂。

崑崙頂上放歌　九月四日

三上崑崙意更賒。最高峰頂望中華。神州處處多佳氣，目盡青天到海涯。

明鐵蓋山口玄奘東歸入境處立碑，詩以紀實　九月四日

萬古崑崙鳥不穿。孤僧策杖撥雲煙。一千三百年前事，憑仗豐碑證舊緣。

題《深山蕭寺》長卷　九月四日

平生出世想，世法同羅網。欲洗囂塵土，何處得瀁蕩。畫此蕭寺圖，如聽鐘磬響。畫罷擲筆歎，心事歸泱漭。悠悠萬古意，化入鬱蒼蒼。天地同一氣，浩浩復莽莽。

題《殘山圖》　九月六日

剩水殘山一角親。數行淡墨記前塵。何人袖此雲山去，好作崑崙玄璧珍。

題崔兆禮畫集　九月二十日

一

翰墨淋漓信手揮。形神俱伴墨痕歸。百年誰識天機妙，欲叩坡翁問是違。

二

縱橫隨意有無間。似影如形似夢還。痛飲狂歌醉眼看，『看』字讀去聲。憑君妍醜一開顏。

題張立新藏畫集，集中多有予昔年舊作　九月二十日

一

廿年彈指等塵埃。往事如煙不可回。慚愧當時輕筆墨，至今只覺應

覆醅。

二

啟翁去後地天空。重見遺篇淚眼濛。字字珠璣陳異彩，勸君快築寶元宮。

題董邦達山水畫卷　十月三十一日

一

翰墨東山世已稀。晴窗忽見到精微。摩挲老眼開卷讀，正是金籠舊雪衣。

二

聞道芹溪是故知。東山畫筆西山詩。醉來共作巴山畫，夜雨何妨到曉遲。

贈暢安王世襄先生　十一月七日

一

雜學旁搜世所稀。於無入處見精微。百年巨眼誰堪譽，只有閩侯一布衣。

二

相識平生五十年。有誰九十更長編。奇書卅種行天下，到老公論是大賢。

三

歷盡風波坎坷多。艱難時勢共經過。平生百煉金剛杵，到底修成大維摩。

題項羽東城決戰處，其地當即在今虞姬墓附近

十一月十五日

身死東城更不疑。史公巨筆絕歧辭。千年殞滅英雄地，我亦低徊不忍離。

題虞姬墓，墓在安徽定遠縣，漢東城地也

十一月十五日

留得孤墳拔地高。美人草比碧桃嬌。紅顏多少隨波去，獨有虞兮萬世豪。

題陰陵城少十步，昔灌嬰追項羽未及處也

十一月十六日

陰陵城北古山谿。躍馬橫馳有駿蹄。十步之遙嗟未及，灌嬰空見項王飛。

題李太白墓　十一月十七日

江東餘子天涯客。來拜青山一謫仙。公去我來千百載，大名永耀億斯年。

雨雪登玉屏樓遥望天都峰　十一月十八日

雨雪霏霏濕翠微。天都遥望接斜暉。平生三上鯽魚背，老去猶思陟峻巍。天都峰高出雲表，故半山以下雨雪，到峰頂仍夕照也。

籬　荳　十一月二十一日

籬落秋光入畫來。滿牆紫玉緑雲堆。山家自有田園樂，拋盡黄金買不回。

玉蔺表妹書來，因憶往事，舊恩情深，不覺殞涕

十一月二十三日

一

當年猶憶食瓜時。幸得慈親為護持。玉蔺之母為予之小姨母，憐我特深。豈意滄桑多反覆，舉家零落淚長滋。

二

世事暴風重急雨，親恩未報受冤時。予小姨夫受冤而死。奈何我亦艱難日，恨乏神通解凍澌。

三

麟珉忽報竟先亡。情隔關山淚數行。致祭何從遥灑涕，百年生死兩茫茫。

四

曲折玉衡與我多。最先朱氏起風波。無猜兩小原無事，從此流言作暗魔。

五

學前橋上退婚指，使我傷心淚似沱。嘗盡人生滋味苦，無如我食苦瓜多。

不寐　十一月二十六日

一角滄桑劫後身。淚痕總比墨痕新。青青黛色縱然在，難覓荊榛夢裏人。

吳特洲約請至五十層轉動高樓彭年大樓觀深圳夜景，並可俯視香港，星火燦爛，中隔一衣帶水，彷佛銀河落地，因成一絕 十二月八日

酒綠燈紅不夜天。高樓霧鎖似神仙。星移斗轉香塵換，驚見銀河落人間。

二〇〇六年（丙戌）

英雄丁曉兵之歌 一月十一日

英雄丁曉兵。事事感人心。獨臂擒邊寇，雙肩扛沙囷。救民勝父母，急人不顧身。事事比貢獻，榮譽讓他人。鄉老即父母，戰友皆弟兄。毫髮不沾私，心比日月明。胸中藏祖國，胸中藏人民。胸中

凜大義，胸中無纖塵。我讀曉兵事，時時淚沾襟。人最貴無私，人最貴愛人。人最貴高義，人最貴真情。人最惡虛偽，人最重赤誠。要將心比心，要與人平等。急人之所急，救人之所困。廿年如一日，萬善聚一身。心比黃金赤，志比頑石硬。為人當如此，永作人中人。我識丁曉兵，當世一賢聖。莫道賢聖遠，人皆可堯舜。貴在自向善，舉世學曉兵。我雖耄且老，望風拜路塵。但願世情改，人人皆曉兵。

題玄奘西行求法

一月十六日

萬里塵沙半死生。熱風惡鬼漫相驚。千回百折求真意，不取真經不返程。

乙酉歲不盡十日，室中燕支古梅先放數星，燦若滴珠，因賦一絕　一月十七日

疏影參差竹外斜。燕支數滴催歲華。老梅不識身先老，卻把殘年送我家。

重到天涯海角，口占一絕　一月二十五日

重到天涯海角前。群峰林立浪連天。坡翁去後經千載，風物依然似昔年。

重到古崖州城，宋趙鼎、胡銓、盧多遜流放處也，尚存破屋半椽　一月二十六日

歲闌又到古崖州。椰樹蕉林覓故侯。破屋三椽半傾圮，忠魂浩氣沖斗牛。

題《馬凱詩詞稿》　一月二十八日

高樓海沸感君吟。與世同懷赤子心。難得拳拳寒士意，春來會見綠雲深。

重題水南村　一月三十日

殘年又到水南村。椰樹林中拜國魂。幸有滄桑城郭在，護城橋對舊西門。

昔夢 一月三十日

垂老猶憐昔夢時。滄桑劫後有真癡。無端海角天涯去，卻報鶯鶯返故枝。

題海南張進山陰沉木根雕 二月一日

太初元氣聚斯堂。宇宙曾經幾海桑。萬古洪荒千劫後，惟餘瘦骨認混茫。

題《觀瀑圖》 二月六日

危亭獨坐看飛泉。天上銀河瀉玉川。清氣無邊盈萬谷，欲憑帝力洗坤乾。

題雪景山水　二月七日

一

徹夜瓊瑶失翠微。乾坤混一白為衣。昨朝訪舊梅花庵，今日歸來雪掩扉。

二

釣罷歸來大雪飛。千山鳥絕樵徑微。竹橋幸有朱欄在，指點依稀到柴扉。

題　畫　二月十日

孤舟暫泊晚江邊。鳥宿鷗眠夜似年。獨有詩人待新月，一鉤欲上東山尖。

贈張西平大夫　二月十二日

老子衰年臥病身。未知雙脛腫如輪。華佗扁鵲真神術，千里勞君只一針。

讀牧齋詩　二月十二日

老來細讀牧翁詩。國破家亡有所思。飼虎捐身曾有說，傷心百首秋風辭。

題　畫　二月十二日

水木清華讀古堂。扁舟一葉載清狂。隨山便是幽棲地，何必匡廬可退藏。

和平樓即席題黃永玉兄為許麐老寫真　二月十二日

傳神畫筆足千秋。一代大師兩不儔。我亦滄桑劫後客，如今同在舊時樓。和平樓，書畫樓也。原在王府井北口，『文革』中被迫停閉，今易地重建，仍用原名。

題　畫　二月十八日

四圍山色瀑聲雄。清氣濛濛濕太空。一棹江湖逃世去，洪荒物我兩忘中。

贈趙逵夫教授　二月二十一日

詞氣縱橫才氣多。古經一卷賴研磨。千年積垢淘湔淨，滿眼靈光見本佗。佗，即他。本佗，原始真面。

避世圖

二月二十二日

世事紛紛困俗塵。何如一卷萬山鄰。莫嫌地僻經過少，好鳥枝頭亦自親。

題《湯池圖》

二月二十七日

古湯池遺址予曾覓得，今已改為倉庫，但四壁題字甚多，予曾摩挲諦觀，至今仍障沒，至可歎也。

遊人欲覓古湯池。空有泉聲惹夢思。坐對畫圖成追憶，名山也要換新姿。石濤湯池圖，即寫此處，其上即祥符寺可證，今祥符寺亦改作別用，名跡沉淪，可歎，可歎！

題繩齋篆刻　二月二十八日

神州第一金剛杵。細字蚊蝱目不如。猶見縱横刀筆意，銀鉤鐵畫鳥蟲書。

讀牧翁詩再題　三月四日

絕世雄才半念斜。衣冠何以對中華。年年淚眼望窮日，難洗城前一角遮。

題《松谷庵圖》　三月六日

黄山松谷庵，絕幽處也，予昔曾至其地，松聲泉韻，如聞天籟，忽忽三十年矣，不知尚存此人間清境否。

黄山深處絕塵煙。只有泉聲響萬年。最是松風時一度，人間無此好絲弦。

枕上讀牧翁西湖詩有感　三月六日

湖山事事俱傷情。故園飄零不淚傾。已是南冠嗟未及，臨風那止涕縱橫。

題上博展出《喪亂》五帖　三月七日

一

夢想山陰七十年。蘭亭舊跡渺雲煙。身經喪亂更思帖，醉裏常逢草聖顛。

二

憶昔耕桑學種瓜。臨池常覺一行斜。自從識得蘭亭後，字字神光眼欲花。

三

何人遺我一囊書。予昔得日本印藺紙《喪亂》五帖。喪亂居然五帖餘。從此焚香勤拜習，書途漸遠髮漸疏。

四

飄零異國已千年。海外歸來華表鮮。為語遼東舊時鶴，故園盡可住神仙。

題《茅亭擁書圖》　三月十一日

茅亭獨處擁書林。坐對青山數古今。只有江西彭澤老，平生千載一知音。

題謝稚柳《寒梅圖》

三月十九日

寒梅一樹可人憐。猶帶謝公筆墨鮮。逝水如斯無盡去，孤芳傲骨自年年。

題《漁村圖》

三月二十日

青山綠水自年年。江上漁舟網上鮮。野店村醪呼我去，三杯傾罷即神仙。

上博看《喪亂》三帖，又至庫房看《孔侍中》兩帖，《妹至》一帖，歸後感賦

三月二十四日

仰瞻喪亂忍輕過。老眼千年得一摩。歸後夜半聞鶴語，故家別去淚更多。西郊賓館園中畜丹頂鶴、黑天鵝等珍禽，是夜聞鶴語如訴。

『國學大師』自嘲

三月二十七日

萬里潮來拏我至。浪尖風口一真癡。我還只是常時在，深淺畫眉不入時。某報發表文章稱我『國學大師』，我事先止之再三，皆未奏效，世情如此，良可歎息。

失學

三月三十一日

少小貧窮失學初。詩書耽讀奈師無。半生磨盡苔花劍，干將莫邪總不如。

贈黄君

四月二日

華年才氣敵江河。翰墨淋漓寫玉波。卻憶分寧山谷老，滿川風雨好詩多。黄君，江西分寧人，為山谷第三十五代孫。

畫瓜　四月三日

徂歲飄零學種瓜。饑來驅我痛年華。如今種得阿堵好，難向窮塵送半些。窮塵，九泉也。

贈楊仁愷老　四月六日

羨公九二尚加餐。萬卷畫圖一掃看。目力能通千載上，筆鋒常破百年磐。縱横列國如庭戶，來去舟車總伏案。我虔頌公松柏壽，南山峨峨碧雲端。『峨』讀上聲。

題江宏畫梅　四月十日

一樹紅梅映雪看。猶存海叟冰霜寒。天荒地老人間世，萬古神龍作蟄蟠。

八十四歲畫展自嘲

四月二十五日

老夫八十尚孩童。西抹東塗太匆匆。梨棗已災三萬牘，桑皮又破九千重。山高水闊欺毫素，姹紫嫣紅愧化工。耄耋猶無知過意，竟開畫展給癡曚。

徐湖平來，告我殷亞昭去世已多年，不勝傷悼

五月十六日

驚悉故人棄我去，夢魂夜夜終不知。傷心十七年前事，竟是曇花一現時。

讀故宮畫冊 五月三十日

讀古會神古亦新。峰巒日日變氤氳。看山要識煙霞氣，看到雲蒸萬象新。

贈太原張頷先生 六月二十六日

一

侯馬一書天下驚。牛棚七載命如傾。艱難我亦過來者，欲向先生問耦耕。予亦出自壟畝，小學未能畢業，後讀無錫國專，始略知一二。

二

學海無涯苦作根。先生勤學賽朝暾。等身著作行天下，易道猶稱未濟尊。

題《臨流讀莊圖》　七月二十一日

湖山佳處絕煙塵。滿耳松聲復瀑聲。袖裹南華隨意讀，悟到逍遥即達生。

題高振宇蓮花影青盤　七月二十五日

青如碧玉綠如波。南浦送君意若何。更奈遠山眉黛碧，教人那不憐翠螺。

題《層巒疊翠圖》　七月二十七日

叢巒疊嶂絕囂塵。萬古蒼蒼有至人。此是人間真境界，欲將書卷作齊民。

讀呂啟祥論秦可卿

七月三十日

紅樓奧義隱千尋。妙筆搜求意更深。地下欲請曹夢阮，平生可許是知音。

祝二〇〇六年八月大同國際《紅樓夢》研討會

八月六日

一

平城盛會足千秋。存異求同共一樓。頤載鎮城碑尚在，紅樓溯古到曹侯。大同市新發現鎮城碑，上有雪芹高祖曹振彥署名。

二

佳會全憑主意稠。宏論連日意綢繆。梅龍舊曲風華豔，歎絕晉聲第一流。大會餘興演梅龍鎮劇，即當年正德戲鳳故地也。

太原訪張頷老蒙贈建初二年買地券精拓本，並有張老釋文，詩以謝之　八月七日

一

珍重建初約束書。買田祭祖子孫餘。千年猶見古風厚，相視而今數典無。

二

多公賜我建初書。百字千金世已疏。約束書共二〇八字，殘損二字，實得二〇六字。曾見楊量買地券，叢殘數字漫瓊琚。

再題自畫《層巒疊翠圖》　八月七日

重疊千岩取次過。平生看盡舊山河。崑崙極頂森峰立，岱嶽雲深絕

巇多。更喜黟山幽壑杳，奇峰亂插勝天魔。慚愧袖乏江郎筆，欲寫層巒奈爾何。

海外

八月十日

大同開會期間，趙岡兄未來，旋臺灣來人，有東坡海外之謠，予乃電詢正在美之呂啟祥，啟祥即致電趙岡，接電者正是趙岡兄，此謠遂息。

海外東坡誤杳聞。故國舊雨淚縱横。何期鵲報平安信，風雨漫天萬里晴。

題沈定庵老書法展

八月十四日

漢秦風骨有正聲。孔宙張曹兼乙瑛。書道窮時八法合，皮毛落盡見真醇。

題無錫朱楓潑墨畫　八月二十日

平生參透筆頭禪。墨陣縱横已忘筌。悟到狂花本禪意，出門一笑大河前。

三題《層巒疊翠圖》　八月二十二日

畫罷千峰意未賒。胸中丘壑尚嵯岈。何當化作身千億，個個奇峰盡結跏。

題山水畫　八月二十九日

五嶽名山逸氣多。高人奇士盡岩阿。焚香我亦棲幽谷，長與松猿續嘯歌。

贈太原姚奠中先生 八月三十日

一

畫禪深處老維摩。筆陣縱橫意態多。一夕京華翰墨會，西山爽氣動山河。

二

論學於今推獨尊。章門一脈賴傳存。欣逢國學重興日，四海共望仰巨幡。

贈揚州錢宗武教授 八月三十日

春風絳帳啟迷津。與古為新妙義頻。今日聆君一席話，漫漫長路有傳薪。

題汪觀清《公牛圖》長卷

九月二十二日

一

六十年前牧汝情。孤眠斜日數歸程。如今子女爭過百，回首相看十里橫。

二

風雨相摧六十年。茅棚糲食苦耕田。但知低首勤勞作，未問收成到誰邊。

三

多謝汪公佳筆力。畫形圖影深過骨。雖然一世萬低頭，卻把好相千載立。

題金鐵木《圓明園》影片

九月二十四日

一

中華大國泱泱風。舉世無雙矗別宮。殿閣巍峨五雲起，寰球無此氣豪雄。

二

千秋浩劫到圓明。八國聯軍虎暴兵。百載經營錦繡地，可憐一炬化灰燼。

三

百巧千機鐵木金。昆明劫灰費搜尋。崇樓傑閣依然見，絕代名園畫裏深。

題太史公墓　十月十八日

一

一枝史筆千秋論。萬里來朝太史墳。日月江河同不廢，乾坤亙古吊雄魂。『墳』字，借韻。

二

世途險巇我同君。一夕風雷起九閽。生死大端君教我，鴻毛泰嶽要明分。

天水題杜甫秦州詩　十月二十日

天降奇才尊老杜，倉皇烽火到秦州。重山萬疊雲浮谷，滿地軍聲憶故丘。有弟不知生與死，有妹長淮不能求。仰天太息問明月，老去此身誰可收。

題南郭寺

秦州水木清華地，古樹南山千百年。杜老詩篇猶可證，至今尚有北流泉。

訪同谷老杜故居

萬山紅葉到草堂。杜老當年實可傷。為取黃精果饑腹，歸來依舊是空囊。

紀　夢

十二月十八日

相逢已是月三更。晏晏言笑若為情。舞底樓心楊柳月，揮毫落紙寫平生。

二〇〇七年（丁亥）

題《解夢集》　二月十一日

卅年解夢夢真深。幾度相逢夢裏人。我亦十年夢中客，不知是假還是真。

十年浩劫過來人。又向紅樓證死生。悟到詩仙春夜意，何須再辨假與真。

題山水長卷　二月二十六日

平生一棹江湖趣，嘗欲扁舟到海涯。苦恨年年多俗事，還從紙上作煙霞。

平林木落秋如赭，萬壑清寒拙相奇。最是龔翁毫底客，只餘傲骨不餘皮。

題紀寶成《歲月詩痕》

三月三日

歲月詩痕感慨深。風風雨雨入長吟。詩人別有關情處，況復詩魔苦糾尋。

地覆天翻歲月稠。狂風惡浪勢吞舟。千秋良史董狐筆，幾曲哀歌動九州。

千年古國煥青春。四海承平起樂鈞。多謝詩人詩筆健，和諧長曲續詩痕。

題張嫻《夢回録》三首

三月二十五日

一

乞巧雙星萬古情。長生殿卻未長生。可憐魂斷梨花下，轉叫雙星笑此盟。

二

艱難半世歎伶仙。藉藉聲華動九天。絶代霓裳羽衣曲，江風吹去渺雲煙。

三

猶記當年步步嬌。教人一曲一魂銷。風吹雨打雲飛去，賴有潘郎記舊朝。

贈屈全繩將軍　三月二十九日

一

崑崙一別十三年。又到詩城拜杜仙。怪道詩思清如水，原來心底有靈泉。

二

橫刀躍馬儒將風。壯志如山氣似虹。屈大夫和辛棄疾，雕弓詞筆一般同。

題鍾開天書屈全繩詩　四月一日

天岸開張氣勢雄。千鈞筆力挽雕弓。為因儒將詩詞好，贏得鍾王腕底風。

題　畫　四月七日

拔地參天一玉峰。銀光熠熠氣蔥蘢。平生三上峰頭立，極目天涯到海東。

登峨嵋山口占　四月二十二日

初上峨嵋第一峰。萬山羅列迎衰翁。飛泉百丈松風曲，此是人間極樂宮。

題瞿塘關　五月十一日

一

烽煙鳥路瞿塘關。虎踞龍蟠絕谷間。萬馬奔騰大江湧，千峰壁立雲岩頑。瞿塘自古華陽鑰，灩澦從來絳闕虓。讀研，怒虎。天險而今成幻境，蓬萊三島俱等閒。

二

三到瞿塘景物鮮。平湖水碧綠如蓮。夔門壁立依然在，白帝城周水拍天。百代烽煙存古壘，萬年相續有巫仙。如今赤甲山前過，短碣憑君讀杜篇。

謝天遺老人虞逸夫賜題山水長卷三十二韻

五月二十二日

逸夫老子九十四。揮毫猶如駿馬駟。下筆千言不自止，思來雲外鬼神使。我昨養痾海之曲，偶寫山水寄所思。半以頤養半臥賞，豈論筆墨只自熹。為使知友稍展眉，千里郵投博一睟。豈知老人豁心眼，把卷便作摩詰筒。從頭一一仔細讀，竟如座師閱卷試。山隩水曲皆電掃，樵徑茅舍無一遺。亦見扁舟待明月，亦見掃徑延客至。

亦聞梵唄清磬響，亦見深山藏古寺。亦見烏桕霜葉紅，亦見遥峰凝遠翠。亦見千丈瀉飛瀑，亦見澄潭映碧珥。亦見古木如老僧，亦見危崖蒙薜荔。亦感山深似太古，亦感峰高裂目眥。亦知幽谷神仙府，亦知桃源避秦地。亦知連峰塞廣宇，亦知洪荒世所棄。畫中三二逸民氏，不識前朝與今治。只知四時山花落，豈解流光異世事。老人不知畫卷盡，猶覺摩崖可題字。讀罷此圖長太息，揮毫竟作瓊琚賜。一瀉千里數十韻，奔騰錯落任恣肆。忽如滄海湧洪濤，忽如怒馬勒峻陂。忽如廣陵得知音，忽如清夜聞笛吹。悠悠身世共艱危，把卷我先心已醉。夢裏如聞山陽笛，風前欲灑向秀淚。茫茫世事皆如此，不堪回首當日始。我拜此老才如海，我惜此老命遭忌。難得蒼天尚有眼，留得此老作世瑞。我謝此老賜瓊玖，欲共此老痛一醉。醉裏混茫入太初，長避世途絶欺偽。醒來同君麋鹿遊，一卷德道究無為。

題《雲山煙水圖》

虞逸夫

一片翠雲從天落。光照四壁香滿屋。開緘如見摩詰畫，水墨淋漓非青綠。未暇從容作臥遊，且將好景當詩讀。馮子本是湖海士，才藝早已驚老宿。為訂古史多紕漏，跡遍九州窮大漠。胸中五嶽森嵯峨，眼空尋常閑丘壑。白首相傾同襟期，知我嚮往心所欲。非珠非玉非金龜，志在山林友麋鹿。買山無錢筆有神，為寫此圖慰幽獨。大癡風骨半千韻，秀麗渾厚並一幅。高峰突兀聳天閶，連山如龍盤地軸。鱗爪飛動隱現中，勢欲騰翔起又伏。修瀑掛空噴玉屑，恍如白虹飲澗瀆。巨石礧砢虎豹臥，或若熊羆相追逐。層巒疊嶂疑無地，忽露空曠豁心目。水木澄鮮媚一家，小舟半出茆舍角。如入桃源逢漁父，把竿危坐釣寒淥。遥望孤亭若有待，恰好橫琴安棋局。物外田園知幾許，竹樹森環散巘谷。居人本是上皇遺，不習機事守太朴。長養兒孫食天禄。不識君威能禍福。元酒滿池不用酤，山花四時果自熟。天籟悦耳勝笙簧。風月清嘉異塵俗。巢由瓢鉢應猶在，洞天石扉蔽蘿屋。自許無忝古逸民，欲往從之同所樂。

寬堂兄年登耄耋，且又多病，而壯心猶昔，不惜費工旬月，成此長卷。見者莫不歎美，以為無上奇跡。非忘老忘病兼忘天下者勿能為也。書來囑題，吾初不知如何下筆，思之思之精思之極，一若真有神通之者。忽爾思路頓開，瀑瀉泉湧，不可遏抑。逸藻俊語，絡繹自至，若宿構然。通篇情景交融，波瀾層出，開闔縱恣，而又一氣貫注，不勞剪裁，自然成章。結尾別出新意，若從天外飛來，悠然神往，頗有搖曳不盡之致，尤為愜心。吾以望百之年，老禿之筆，苟非傑構在前，吾亦不能得此長句也，蓋是神感之力歟！質之　寬堂以為何如！勿笑，勿笑！

虞逸夫於長沙萬有樓，時年九十又四

悼陳曉旭 三首

五月二十六日

一

碧海沉沉一彗星。長天劃過半空明。為君留得形音在，多謝絳珠一片情。

二

草草繁華過眼身。夢中影裏盡非真。如今覓得真香土，永入仙鄉出凡塵。

三

也曾為說石頭經。也到星洲播逸馨。萬事哪知今日事，開屏掩淚不忍聽。

題畫　六月一日

細雨江南水郭村。秋風紅樹已銷魂。蒼茫不盡盧陵意，更有煙雲潑墨翻。

南偉弟去世，予久不知，家人因予病也，今突聞之，悲從中來　六月一日

細雨江南濕夢痕。舊時月色一存溫。傷心多少年時伴，半已龍鍾半斷魂。

丁亥四月二十日，聽晏老談養生有感，晏老時年九十又四，清爽如神仙 六月五日

千里來聞不老方。溫言細語話家常。原知妙道凝玄處，都在清音淡意藏。

題耿毓亮畫 二首 七月二十一日

一

一枝一葉自精神。湘水湘山屈子真。我欲一杯請鄭老，湘蘭底事尚無畛。

二

蕭蕭窗外秋氣深。看竹還須問主人。留得疏疏三四筆，不是板橋是吉金。

題汪觀清先生太行山景 七月二十五日

一

初到山村事事新。隔谿門對牧羊人。谿邊恰有浣紗女，流水叮咚語親。

二

秋到山村葉葉黃。稻香瓜熟待揚場。村頭四老提壺過，濁酒一杯入睡鄉。

題楊彥山水畫 七月三十一日

一

紅葉繽紛事亦稀。金陵王氣幾曾微。大江東去波浪闊，又見神龍破壁飛。

二

縱橫畫筆任紛披。怪石險峰別一奇。畫到幽微靈秀地，嵇康阮籍要移居。

懷長沙天遺老人　八月一日

望斷長天一紙書。故人消息近何如。草書長想僧懷素，新什還思老杜居。岳麓山前黃葉否，洞庭湖上浪高無。何時共挈耒陽酒，同醉汨羅酹大夫。

再懷天遺翁　八月二日

茫茫塵世幾知音。尚有天南老逸襟。閉目盡知前代事，開門不識路岐深。身縻縲絏三十載，心在崑崙最上岑。練得冰天傲骨在，揮毫猶挾搏風臨。

為孫堅作《墨梅圖》　八月二十二日

一樹寒梅發古香。江南寄與路茫茫。憑君轉語香雪海，先遣離魂到草堂。

題《江南雲山圖》　八月三十日

欲寫江南澹蕩山。躊躇舉筆有無間。雲來縹緲千峰隱，月上溶溶萬練還。滿地江湖人已老，一身風雪夢鄉關。登樓更憶仲宣賦，短棹輕舠白鷺閒。

題暢安老人著《錦灰不成堆》三首 九月四日

一

錦灰誰道不成堆。一部鴿經讀百回。更感安仁情義重，荃荃不負此生來。

二

中華文物浩煙海。恁仗高人識秘瑰。九十年來多少事，只為炎黃護玉壘。

三

雲煙滿紙盡高人。座上往來皆逸真。風雨平生九十載，原來郭璞是前身。

題《雲雪圖》　九月五日

雲氣空濛雪氣鮮。皎然靜參筆頭禪。雲飛雪解山還見，坐對新圖證刹緣。

題紀峰作徐公孚尹金像　九月六日

高風四海仰徐公。巨眼何人斷杳濛。詞筆翩翩劘兩宋，鍾王劇跡秘深宮。

天末懷余英時學長兄　九月十五日

廿年長憶海西頭。舊雨情深意倍稠。足跡我曾逾大漠，文章君已滿神州。師門風義今猶昔，海內煙霞晚更幽。剪燭西窗會有日，與君同醉木蘭舟。

題歙縣王金生徽雕《清明上河圖》

九月十五日

千秋名作上河圖。鬼斧神工刻寶株。想見東京繁勝日，王刀張筆共馳驅。

八十有五感賦

九月三十日

逝水年華八五秋。幾多歡樂幾多愁。親人戰血膏原野，朋輩沉冤入九流。天道好還禍兮福，滄桑劫後展新猷。艱難留得餘生在，喜見神州百尺樓。

十一月二十日下午遊黄山自太平坐纜車直到排雲亭，值西海晚霞滿天，感而有作

平生踏遍黄山路，直上排雲第一回。西海晚霞正待我，欲將詩句絆餘暉。

邵春風以歙石老坑作硯相贈，詩以報之　十一月三十日

袖裏黄山一片雲。春風微度百梅紛。奇香鬱鬱盈吾室，知是花馨是墨薰。

二〇〇八年（戊子）

哭楊老 二月一日

一

相識平生四十年。論文常到瀋河邊。春風化雨多潤澤，怕見先生病沉綿。

二

傳來噩耗等驚雷。四海同哀日月灰。從此江山空瀋水，萬牛難挽沐翁回。

戊子元日，枕上得詩

豖尾鼠頭又一年。嫦娥飛到月宮前。千門萬戶當空望，從此清光夜夜妍。

送楊老　二月十五日

漫天風雪送楊公。大地長哀掛玉櫳。德道無形還有影，生蒭絮酒滿郊塚。

題重彩葫蘆　二月十八日

秋老西風葉半赭。霜藤滿地走龍蛇。黄金遍處恁君揀，儘是先生筆底瓜。

題《〈精忠旗〉箋證稿》　二月二十四日

勘罷精忠事亦哀。十年劫火萬英才。傷心豈止風波獄，滿眼韓彭盡已灰。

題天驚峰　三月二十日

天驚石破落園中。排闥送青萬象通。撲面奇峰迎雅客，方知此老是顛翁。

奇石歌　三月二十五日

十年我欲覓奇石，看盡千峰皆未可。昨夜紀生來相告，梨園雙峰絕磊砢。淩晨驅車急往看，遥見巒翠浮空鬱岋峨。須臾停車逼而視，兩石嶙峋肥瘦高低各相左。一石奔騰如雲馳，千穿百空極婀娜。一石亭亭擎天立，中有裂罅窺爾我。我知此石女媧補天之所棄，石破天驚任其墮。一石見之欲相挽，豈料雷轟電掣為所裹。周身洞穿如藕孔，恰似建章雲窗刻青瑣。我今一日得此兩奇石，豈非天意復云麼。歸來撫石長太息，米老聞之鬱無那。

啟祥自美來書問疾，適予重校《紅樓夢》有感，詩以代柬

三月二十七日

萬里多君遺鯉魚。病來最憶故人居。卅年疏鑿原非夢，百口飄零本是書。字裏斑斑多血淚，風前落落盡丘墟。我今會得芹溪意，剪燭同君再細梳。

病中雜感

四月二日

草草年華八六春。滄桑百劫劫餘身。風前落落良朋少，眼裏悠悠冠蓋新。老去丹青聊自遣，病來方惜歲時珍。何需料理無定草，付與旁人一笑論。

枕上再題曹雪芹家世，寄啟祥美洲

四月三日

百年家世與君論。史跡碑傳字字真。踏破雄關成巨業，坐看江尾待龍巡。黃金已逐清波去。大廈行將化垢塵。楝樹花開終結子，紅樓夢覺可憐春。

題小園雙峰

四月四日

小園一夕起嶙峋。矗矗雙峰勢有神。不是尋常凡間物，飛來天外靈河津。

尹學成君自徽州得古梅三樹，皆數百年物，其中一樹，連理纏枝，實為奇品，詩以記之　四月十五日

尹君贈我古梅枝。柯似青銅榦鐵螭。連理交纏稱異木，土花斑駁百年姿。長成幽谷無人識，移到京都認伯夷。此地原無周粟食，奇峰伴爾好安之。

題蘇繡《紅樓夢》人物　四月二十五日

一

金鍼銀線繡顰顰。萬縷千絲盡有情。想到芹溪和淚寫，至今字字尚餘溫。

二

譚畫紅樓十二釵。傳神個個下蘭堦。蘇娘妙繡人人贊，的的金童與玉娃。

三

譚畫紅樓妙入神。蘇娘精繡希世珍。寫真妙手天作合，顧繡觀之要卜鄰。

讀《侯馬盟書》，效庭堅贈半山老人體贈張頷老

五月八日

一

半世風狂雨驟，功成侯馬盟書。若問老人功力，穿透千重簡疏。

二

一篇陳喜箋證，思入精微杳冥。舉世何人堪比，雨花只此一庭。

三

一雙望九衰翁。案上難題百重。公已書山萬仞，我正步步景從。

四

憐君早失慈親。我亦童年苦辛。檢點平生事業，無愧依舊清貧。

五

知君幼讀西廂。我亦長吟實郎。齒頰餘香猶在，難忘醉葉淚行。

六

讀公巨著難眠。曆法天文洞穿。學究人天之際，身居陋室半廛。

七

讀罷侯馬盟書，如對伏生九十。而今縱有晁錯，何處漢文可覓。

題汶川抗震救災

五月二十二日

一

汶川巨震天下驚。舉世同心骨肉情。淚似潮來心似火，揮毫欲把肝膽傾。

二

天崩地裂驚陸沉。萬姓倒懸水火深。賴有親人党與國，狂瀾力挽貼眾心。

三

中華兒女盡英雄。地塌山崩不變容。救死扶傷天下急，刀山火海敢前沖。

懷舊　六月二十三日

秋到柴門故國思。西風吹盡淚絲絲。家園風物無一是，只剩婆娑鴨脚姿。

題梅花横幅　七月一日

城中早失探梅期。楊萬里句。賸見籬頭一二枝。零粉殘枝也可惜，生香紙上慰相思。

題奔雲峰　七月九日

奔雲墜石是何年。飄落園中也是緣。況有古梅來作伴，得離塵俗便成仙。

題薛素素自畫像 七月十一日

芝蘭玉樹舊時真。冰雪聰明姑射身。一樹寒梅和雪影，臨風那得不銷魂。

長沙贈天遺老人 八月七日

一

萬里情深似一家。移居悔不到長沙。應共嶽麓山靈語，莫負天翁筆放花。

二

孤碑岳麓已成仙。北海清冷待後賢。尚闕名山峻天賦，閒居王粲三十年。

三

昔年曾上岳陽樓。萬頃蒼波碧玉流。最是曚曨湘女髻，銀山堆裏覓浮鷗。

和寬堂兄見懷七律　二首　虞逸夫　八月十三日

一

滿園芳草一房書。博綜多能愧不如。白玉堂中尊大老，黄金臺畔卜新居。樓名萬有吾何有，道本虛無佛亦無。安得相攜歸隴畝，細分五穀問田夫。

二

病起初聞金玉音。天風送月一披襟。獨揚古路逢人少，樂得新知惠我深。為寫林泉明素志，每思詩酒會高岑。楓丹橘綠青湘岸，秋色正佳肯一臨。

得虞老南嶽來書，枕上感賦 八月十三日

南嶽書來意味長。湘山湘水屈翁鄉。一杯我欲酬辭祖，古國重光是
楚氓。

病逾半年，行步艱難，臥床回思往昔，念及慈親家
人，往日所同苦者，不勝低徊之思 八月十五日

八六年華取次過。貧無衣食奈爾何。春暉寸草慈恩在，大母婆娑淚
眼多。朝旭初昇驅殺出，夕烏西下忍饑磨。挑燈夜讀今猶昔，狂飫
書詩細吟哦。

賀上海收藏家學會 八月十八日

中華文物五千年。寶器收藏有昔賢。國運昌隆珍自出，群公研護續新篇。

虞老去南嶽避暑，因寄以詩 八月十八日

九五之尊到祝融。南天迎得老詩翁。群山應向髯仙拜，巨筆遍題七二峰。

贈南嶽天遺翁 八月二十日

迴雁峰頭贊老翁。詩書滿腹筆如風。霜髯布履千山過，竹杖嘯吟響萬峰。

謝張頜老贈法書冊頁　九月二日

張公惠我萬金書。字字珠璣勝寶琚。開卷驚風飄白日，掩書清氣射靈墟。平生得識陶彭澤，千里命駒時一趨，晉水燕山縱遠闊，披圖共在地之隅。

懷楊廷福　九月二日

十年生死兩茫茫。東坡語。每到西天總路行。君著《玄奘年譜》，予必隨身帶行。絕世清才誰毀滅，萬民千載永難忘。

玄奘東歸，經羅布泊、樓蘭而入玉關，予親至其地考證，詩以紀實　九月七日

廿年苦學絕精微。杖策西來雪滿衣。尼壤東邊納縛普，樓蘭古道一

僧歸。唐時稱羅布泊為納縛波。在尼壤（今尼雅）之東，皆玄奘所記。

和其庸兄見懷三絶句

虞逸夫 九月九日

一

東望吳頭不見家。寄棲何敢怨長沙。羡君如在眾香國，樂有瓜廬擁百花。

二

老得康強勝得仙。別無長技愧前賢。嶽麓名碑今破碎，待君補寫復當年。

三

高詠南天第一樓。平看吳楚掌中浮。何時相約君山住，管領煙波狎白鷗。

題　畫　九月九日

看盡江湖十萬峰。崑崙太白俱不同。名山也忌千人面，卓立風標自為雄。

看奧運會閉幕，煙火照夜，喜極而淚，賦此

懷長沙虞老　九月二十日

長沙近日雁書違。望斷歸鴻向北飛。南部雲深煙水闊，江東花好夢芳菲。同為客子他鄉老，共樂微吟髭早稀。耄耋幸逢王道日，銀花照夜終淚揮。

虞老詩來問候，次韻奉酬，即乞郢正　九月二十四日

瓦灶長虛火似紅。稚年生死入迷濛。艱難歲月饑寒過，大道堂堂路

未窮。學古知慕忠義士，琴揮流水識孤桐。榆關塞雁通南嶽，相照膽肝有兩翁。

附虞老來詩

虞逸夫

綠鬢消磨劫火紅。投荒歲月入鴻濛。家園破碎歸無據，故舊淪亡道益窮。閑弄柔毫娛暮齒，漫勞凋繪飾枯桐。嘔心文字知心話，千里相聞兩病翁。

神七奔月，喜極而淚，賦此志賀

九月二十五日，時在三〇五醫院

一

神七今天上月宮。嫦娥揮淚迎英雄。廣寒寂寞久無主，從此新桃換舊封。

二

中華三傑上天空。信步閒庭到月宮。揮淚嫦娥捧酒出，佳醽還是月桂濃。

三

一曲凱歌到月宮。廣寒殿裏喜沖沖。閒庭信步看桂子，鬱鬱奇香滿太空。

題虞老書法

十月六日

鐵畫銀鉤世已稀。鍾王筆法一絲微。如今又見長沙老，虎臥龍跳得所歸。

題畫菊　十月十八日

籬邊池畔冒霜開。紅紫繽紛惹詠杯。莫怪詩人彭澤老，看花醉倒百千回。

題　畫　十月二十一日

數間茅屋跨漁磯。秋老山山赭葉飛。一部南華依礌讀，雲來雲去任天機。

題　畫　十二月二十八日

是煙似霧不分明。對面佛頭故故青。卷地風來千壑淨，群峰亂插意縱橫。

病榻　十一月七日

三年病榻臥支離。想到西天惹夢思。欲向崑崙尋古道，彌兒山下有僧歸。

懷謝無量詩老　十二月二日

一

哀哀濟清士，似公有幾人。如何半紀下，不見笛吹鄰。

二

遠別纔三月，歸來不見君。風雲世態急，君去是智人。

三

風浪百年急，終來定須雄。至今井水處，齊唱和諧風。

四

死去也非空。遺言建大同。焚香拜二老，神七到桂宫。

五

憶子青壯候。文章震九州。筆鋒除貴要，正氣滿全球。

贈葉嘉瑩教授

十二月二十一日

絕世清才絕世真。少陵太白是前身。放翁更有連城璧，要見神州一例春。

病榻感賦

十二月二十九日

三年病榻閉門居。百事無成只讀書。靈石無端來伴我，梅花特地到茅廬。花成連理雙株老，石破天驚一線虛。待到春來花發日，同君酣醉意何如。

戊子歲尾感懷　十二月三十一日

轉眼匆匆已歲除。愧無樂事報諸居。紅樓校錄三十卷，家世新編百萬餘。園裏梅花連理樹，庭前雙岫仰天樞。百年虯屈藤花老，每到春來滿架珠。

二〇〇九年（己丑）

自題《還山集》　一月二日

本是山林客，卻從鬧市眠。車聲驚好夢，俗客妨思玄。欲向幽岩住，貧無買壑錢。揮毫湘素上，茅屋起青煙。

題庚辰本二十二回末脂批

一月六日

殘脂剩墨意猶真。百載如同夢阮親。一部紅樓情似海，大千俱是夢中人。

讀王蒙《老子的幫助》

一月九日

解老論紅盡見真。先生妙悟直通神。玄玄大道歸無有，造化茫茫只點塵。

八七初度自題

一月二十四日

草草年華八七身。艱難困苦一絲存。身經戰火連天地，眼見親人血洗塵。已判此生愁裏過，誰知晚歲樂天仁。平生無限銘心事，欲傾膽肝報國恩。

己丑元夜，重校《十三樓吹笛譜》成，杯酒抒懷

一月二十七日

爆竹聲中報歲除。嚴寒已是暖未初。窗前梅綻胭脂色，盤裏水仙白玉如。秉燭丹鉛讎舊譜，舉杯邀月入新書。夜闌更覺春宵短，要把紅樓再細梳。

題《紅樓夢》薛寶琴懷古詩

二月二十一日夜一時

疑雲疑雨未分明。事出有因終不經。卻怪芹溪嬉筆墨，教人百載夢難醒。

題峨嵋山青羽山莊　二月二十三日

峨嵋山色翠蔥蔥。敬孝堂前有葬翁。雪壓霜欺三百畝，春來青眼滿筠籠。

題石鍾揚著《陳獨秀》　二月二十三日

獨秀當時一代雄。千秋史筆結終公。誰人獲得無瑕璧，不見長城屬祖龍。

題玄奘法師尼壤以後歸路　三月七日

流沙夢裏兩崑崙。廿載辛勤覓夢痕。我到樓蘭尋故國，聖僧歸路進玉門。

題賀友直《老上海的弄堂》長卷 三月十日

六十年前海上居。也曾陋巷見諸如。多公不朽千秋筆，往事輕雲入夢蘧。

夢裏 三月二十一日

流沙夢裏兩崑崙。三上冰峰叩帝閽。為問蒼蒼高幾許，閬宮尚有未招魂。

己丑上巳，游無錫陽山，值桃花節，花開似錦，遊人如織，率題 三月三十日

一片紅霞爛似雲。桃花十里最迷人。春風春雨三番後，斗大蟠桃醉壽君。

陽山卅里桃花陣。崔護重來已隔生。滿眼紅霞天地醉，揮毫欲寫桃花行。

陽山遊罷到獅山。天地浮沉醉夢間。春夜桃園太白序，我來續寫詠桃篇。

灼灼桃花亂似雲。紅霞卅里醉芳芬。桃花人面非崔護，去了劉郎有後人。

題《墨葡萄》　四月一日

萬里龍沙入漢家。瓊漿玉液勝胡蔴。若還釀得葡萄酒，滿紙揮毫盡紫霞。

己丑春日，予年八十又七，自删文集定，感懷書耑　四月四日

八七年華草草過。自删文集汗顔多。澄江八日始初作，明鐵三千收晚禾。不死烏江論項羽，長生元代説中羅。平生三上崑崙頂，又到樓蘭納縛波。

聽王蒙講《老子》　四月十二日

解莊説老有蒙人。花雨繽紛落下塵。知白守雌方是傑，萬千轉語只安貧。

懷陳從周兄　四月二十五日

不見斯人已十年。夢中常憶説園篇。胸藏縮地房公術，囊乏談天酤

酒錢。南國欣存靈透玉，海西尚有大明椽。人生百歲如朝露，君是長生不老仙。

園中牡丹魏紫姚黄同放，為賦短章　四月二十八日

姚黄魏紫一齊開。春色滿園溢酒杯。謝了海棠添琲珞，牆根又冒筍尖來。

題天鷲峰兼懷曹雪芹　五月五日

拔地參天第一峰。崩雲墜石落凡庸。天鷲石破人何識，百代滄桑一夢中。

題譚鳳嬛畫《紅樓夢》人物

五月十四日

多君畫裏喚真真。筆底啼鵑見血痕。君本前生夢中客，曾經冷月葬詩魂。
一部紅樓萬淚痕。誰人識得個中真。怪君筆底多靈氣，原是紅樓夢裏人。

讀書

五月十七日

予病三年，行步艱難，今初夏，小步庭院感賦。

三年病廢閉門居。行步艱難只讀書。賴有詩書豁心目，江山萬里入吾廬。

題鞠稚儒篆刻　五月三十日

銀鉤細線筆通神。漢範秦規字字珍。若得繩齋印一寸，他年勝獲萬黄金。

題翰墨長鋒六十年書法展　六月二十八日

戎馬平生建國難。淋漓翰墨寫忠肝。堂堂留得雄篇在，教與後塵仰面看。

題《無錫成語歷史故事集》　七月六日

闔閭古國久荒涼。泰伯梅村事渺茫。賴有先生書一卷，教人千載識興亡。

中華文化五千年。澤被全球德大千。往事枯榮勤記取，後來第一着先鞭。

題魏靖宇畫冊 七月二十日

夢裏巫山十二峰。峰峰都有女神蹤。縹緲更兼雲和雨，千載誰曾識本容。

多君畫筆有神通。灩澦瞿塘一掃空。潑墨西陵奇妙處，嫏嬛福地見仙宮。

贈楊絳老人 七月二十一日

寄去江南一樹春。與公同是梅里人。遥知花發千山雪，每到春來憶故鄉。

題《秋風圖》　七月三十日

秋風吹老熟瓜天。半歲饑腸眼欲穿。盼到籬邊瓜似斗，高聲欲唱大豐年。

題《雲山讀書圖》　九月八日

白雲深處有書聲。兩岸青山樵徑横。昨夜灘聲萬馬急，為因狂雨到天明。

九月十五日夜夢見天遺翁來京相晤，歡若平生，覺後口占

夢裏天翁到北京。精神矍鑠氣峥嶸。覺來似見南山月，一片清光兩遠人。

題《香君閑吟》

九月二十二日

讀罷香君萬古愁。人生落葉與浮鷗。驚鴻一瞥長天闊，為送高吟遍九州。

看國慶晚會電視口占

十月一日

六十年華雨雪過。中天明月一輪多。長空雁陣驚佳夢，碧海鯨波作遠遊。歲晚頻添新白髮，秋深喜見菊花酡。老來幸遇興王日，自酌瓊醽慶止戈。

頌泰山並秦皇無字碑

十月六日

黃海東來第一峰。秦皇巡狩獨崇封。至今無字碑猶在，卓立中華大國風。

題譚鳳嬛畫《紅樓詠菊圖》　十月十三日

畫圖人怯瘦腰支。俊秀龐兒惹夢思。圖罷翻教黃菊妒，滿園秋色為卿癡。

贈潘慎　十月十三日

詞譜千秋君再定，女書破讀更奇神。廿年縲絏文王易，君是神州卓犖人。

贈孫熙春　十月二十五日

卅年鐵筆化丹心。秦漢斯冰到小生。幾度鵝池濡筆硯，欲將兔翰拜山陰。

題金絲楠長案，長三點六五米，漢金絲楠木，苑金章製作

十一月一日

金絲楠，三千年。製几案，香滿軒。映日光，金閃閃。色如玉，肌脂黏。以手撫，溫且軟。展圖卷，意綿綿。製之者，金章苑。銘之曰：此寶器，萬世傳。展畫圖，閱古簡，陳宋槧，列元箋。焚妙香，鑑龍泉。理絲桐，伯牙絃。展長袖，舞胡旋。奏霓裳，羽衣翩。作書畫，右軍帖，大癡篇。得之者，勤護惜，萬斯年。

題苑金章製漢金絲楠木長案

十一月十一日

金絲楠木幾千年。幽閉窮塵忽見天。更遇金章鎪虎手，右軍恨不着毫尖。

賀張頷老九秩榮慶　十一月十五日

一

九十年華萬古春。一編侯馬世人驚。天書解破千年事，亘古公推第一人。

二

老翁九十即仙翁。夜讀天文萬象通。看到嵩陽千歲柏，祝公來日更葱蘢。

哭楊憲益老　十一月二十四日

噩耗飛來地欲崩。幾回相約酒杯盈。何期天不從人願，使我傷心淚似傾。

論夢從公四十年。尋樓問石酒中仙。一朝歸去煙雲杳，定在荒崖醉月眠。

題王瑗仲師書壯暮堂額手跡　十二月二十四日

王謝風流舊世家。墨華又放滿天霞。右軍禊帖吳生壁，千載並時到海涯。

二〇一〇年（庚寅）

題　畫　一月十二日

魏紫姚黃日紛紛。春色爛斑小院薰。卻怪老夫疏筆墨，辜負春光到綠雲。

哭張仃老

二月二十七日

一

橫流滄海急西風。舉世何人振國雄。千里江山黃葉谷，先生盡入畫圖中。

二

相視平生四十年。金台夕照接高賢。蕭蕭華髮飄然過，一笑相逢話似泉。

三

公去西山我往東。音容從此隔秋風。幾回相約楓林聚，俗事紛擾終變空。

四

噩耗傳來淚滿襟。先生從此隔窮塵。為奉即世蘭台令，畫史當居最上層。

奉題謝辰生老文集 三月二日

拜識先生五十年。光風霽月仰高賢。中華文博千秋業，公領長途第一鞭。

題　畫 三月二十日

細雨江村煙景杳，雞聲茅店布帆親。橋頭應有人久望，風雨歸來迎遠人。

舊撰《中國文學史稿》原稿，『文革』中被毀，今油印本回歸，詩以寄慨

一別五十年。春風哭杜鵑。枝頭點點血，都自心底傳。

題《紅樓夢》贈南菁中學《紅樓夢》選修班

一

一夢紅樓細細長。悲歡離合斷人腸。要知夢裏存真事，家世百年淚萬行。

二

都道紅樓是哭成。斑斑血淚寫人生。豈知更有新潮在，思想自由男女平。

雜憶　四月二日

一

思君盡日如流水，往事煙雲不可回。憶得龍山三月暮，與君共醉白雲隈。

二

烽火連天失學初。與君共燭讀詩書。何期五月南風起，遠別送君淚如珠。

三

春深三月鶯花多。憶子暫未作蔦蘿。可惜春歸風雨驟，忽聞消息淚滂沱。

四　四月七日

曾經少小苦難多。骨肉相憐獨姊頗。予上有一姊名素琴，憐予偏多，姊患肺病，未嫁而卒。豈料窮塵轉眼隔，送君長別淚如沱。

五

三十年來常憶君。清風明月幾沾襟。車過腹痛當時語，豈料翻教我哭君。

六

一片天機水底雲。右軍棐几獨氤氳。千年夢覺公輸子，到底輪將墨斲輪。

七

澹蕩春風春雨細。沉香亭畔夢依稀。嬌羞脈脈春無力，正是將離欲語時。

八

曉鶯一夢中。殘月轉迷濛。無限傷心事，都歸芍藥風。

題畫 四月九日

煙雨米家山。濛濛水石間。暮炊三兩處，彷彿是瑯嬛。

題許麐廬老九五畫展 四月十二日

一

九五仙翁筆似椽。揮毫滿紙是雲煙。胸中墨浪波瀾闊，吐向人間五嶽連。

二

我拜許翁五十年。同舟風雨浪連顛。曾經暗霧迷青白，終究雲開復見天。

三

平安歲月堂堂過。社會和諧吉事多。自古中華千萬歲，老來齊唱太平歌。

四

初到京華第一先。竹簫齋裏參畫禪。如今耄耋生新法，濃淡無心筆更妍。

雜憶　四月十五日

夢裏家山分外親。村前小路尚分明。松崗過了葫蘆水，拐角便聞讀書聲。

贈鞠稚儒　四月二十二日

四體揮揮似宿儒。覺來稚字着無隅。曾經滄海難為水，始信人間有慧珠。

贈陳巨鎖 四月二十三日

晉賢翰墨有餘香。章草無過海上王。歲月流金何倏忽，如今繼緒到汾陽。

題金叵羅製金絲楠明式書畫案 四月二十四日

右軍几棐製初成。一片天機萬象生。董巨荊關黃鶴老，盡歸大匠叵羅金。

園中海棠盛開，對景有懷 四月二十七日

十日春蔭護海棠。嫣紅滴滴斷人腸。前朝最憶山陰老，為愛名花抵死狂。

題泰山桃花峪摩崖石刻　五月二十五日

玄門題壁愧岱宗。無字碑銘大國風。愛煞桃溪松徑好，瘦藤布履上雲峰。

贈鞠稚儒　六月七日

通才碩藝鞠稚儒。鐵筆丹青綽有餘。韓柳文章張岱夢，春風詞筆到姜吳。

青島贈孟鳴飛、劉詠二兄　六月二十日

碧海藍天作遠遊。島青人好似澄秋。感君意氣濃於酒，高燒瑯琊不及稠。瑯琊，席上名酒。

泉城贈梁步庭大兄先生

六月二十二日

一

百年風雨飽身親。眼見滄桑變古今。胸懷有容天地闊，一雙青眼付來人。

二

羡公耄耋酒杯寬。豪氣依然見腑肝。世事波瀾滄海闊，只當春水縠紋看。

敬祝徐邦達老百歲大壽

六月二十五日

浪捲雲飛一百年。崢嶸歲月到新天。宋唐詞筆千秋眼，海屋添籌地上仙。

題劉文斌臨《維摩演教圖》　七月七日

維摩演教天花墮，法侶皈心目有神。屈鐵盤絲真筆力，伯時見了也稱真。

壽饒選堂公九五華誕　七月十三日

一

乾坤清氣一鴻儒。學滿崑崙詩滿湖。畫筆還從天地闊，興來揮翰灑瓊珠。

二

人過九十可稱仙。況傍崑崙啟壽筵。應教麻姑來獻壽，阿母閬苑壽桃鮮。

讀《紅樓夢》有悟

七月二十六日

一

百年家世付沉淪。往事斑斑只緘唇。訴與阮公應會解，詠懷八二寫其真。

二

紅樓一夢事非真。要待高人識舊因。百世奇冤千滴淚，曹家敗落，虧空國帑之罪，實為千古奇冤。等閒只怕化煙塵。雪芹慮奇冤之難雪，故著此書，此其一也。雪芹懷不世之才，知大廈之將傾，其思想與晚明清初之先進思想通，故於書中亦寓一己之社會理想，凡人生之種種，世態之種種，書中皆及之，看似小說家言，實傷心人語，先覺人語也。

三

顰顰寶玉兩情癡。荳蔻芳華月上時。悟到三生如夢裏，姻緣木石再無疑。

四

世事茫茫霧裏花。朦朧何處是天涯。天涯若在無尋處，撒手懸崖即到家。

五

一卷紅樓萬古情。天荒地老此長庚。姻緣木石終難合，啼血杜鵑夜夜心。

外孫女胡紫漪十四歲，在北京東城區舉辦鋼琴獨奏會，演奏貝多芬《暴風雨》等名曲，予聽其演奏，為賦一絕　七月二十九日

泠泠一曲自天成。越海過洋到夏庭。夫子知音忘肉味，孔子聞韶樂而

三月不知肉味。高山流水動寰瀛。

讀《秋風集》感懷　八月一日

往事淒涼不可聞。饑寒人已隔窮塵。如今留得孤形在，到老難忘舊日貧。

悼郭預衡先生　八月十三日

滿園桃李一真人。盈架詩書未濟貧。寂寞京華周甲子，千秋贏得在親仁。

注：《論語·學而》：謹而信、泛愛眾，而親仁。

看新版電視劇《紅樓夢》有感　九月二日

一卷紅樓萬古情。銀屏畫燭聽哀箏。傷心絶代曹公子，淚盡羅巾夢未成。

校《瓜飯樓叢稿》竟，自題一律　九月十二日

校罷叢稿鬢已皤。十年浩劫忍經過。世間名利真槐夢，天下文章似大河。九曲黄流終入海，千重翠嶺出雲羅。天人之際吾何敢，得解微塵恧自多。

題《畫》　九月十九日

坐對青山想六朝，風流王謝一時豪。烏衣桃葉今猶在，更憶東山雅量高。

題《牡丹水仙圖》　九月十九日

魏紫姚黃日紛紛。淩波仙子不同塵。春風畫筆天工手，要使眾芳一例春。

題《取經之路圖》　九月二十二日

十上西天路萬千。玄師歸途我論先。崑崙東下樓蘭北，直到沙州接御箋。

題《江南山水》　九月二十四日

江南一片米家山。煙雨濛濛水水連。幾曲漁歌知日晚，歸來濁酒趁魚鮮。

慶祝人民文學出版社建社六十周年 十月十三日

總領群芳六十年。百花園裏我為先。嫣紅姹紫都開遍，又到瀟湘詠菊天。

題畫 二首 十一月十六日

一

看盡江湖十萬峰。峰峰俊逸掃雷同。山川自古多靈氣，端在詩家自會通。

二

故園風物最關情。春到柴門事事新。最愛梅園香雪海，漫天紅霧赤霞城。

喜讀錢名山公書畫集　並記

十二月五日

寄來一樹碧琅玕。喜煞衰翁徹夜看。七十年前追恨事，村童未得拜公顏。

予今八十又八，七十年前，予方童稚，在鄉種地，而喜讀詩書，即聞鄰縣有錢名山公者，當世之太白也！欲往拜之，而貧無資，亦無引薦，終未得拜翁顏，常引以為恨。抗戰勝利後，予在無錫國專，從王子畏師處得見名山公墨竹十餘幅，乃得仰文蘇風流。後學長兄嚴古津贈我以名山先生手書橫幅絕句五首，即題某名伶者，予珍藏至今，雖萬劫而未失也。

題馬國慶活拓鯉魚

十二月二十一日

活拓鮮魚事豈虛。奉君倩影素心書。擺身一躍滄波去，留得墨痕萬世譽。

送歲　十二月三十一日夜十二時半

一年歲月剩今宵。老去光陰似燭銷。忽忽山君成昨日，匆匆月兔换新朝。掃清落葉何容緩，檢點是非豈可驕。千秋術業憑公斷，未應自聖自標摇。

至二〇一〇年十二月止

瓜飯樓詞草

瓜飯老人馮其庸未是草

一九四二年（壬午）

浪淘沙

一葉又驚秋。無限新愁。那堪獨自倚高樓。幾疊雁聲人已去，恨也悠悠。往事在心頭。珠淚難收。斜陽脈脈水空流。從此相思頻入夢，夢也難留。

前　調

時節又中秋。無限離愁。夜來獨自怕登樓。一簟涼蟾清似水，思也悠悠。且莫憶從頭。錦字慵收。幾時重與話風流。寄語征鴻為轉意，冰雪同留。

一九四六年（丙戌）

調笑令

休去，休去，且伴春風同住。夜來香滿簾旌，怕見花間月明。明月，明月，何苦照人離別。

一九八七年（丁卯）

減字木蘭花

詠水仙　一月二十九日

聞胡耀邦同志離職，凄然有感。

亭亭玉立，翠袖生香寒惻惻。幾度相逢，縹緲驚鴻只夢中。　萬千幽恨，淺淡眉痕黄一暈。欲去淩波，脈脈無言淚自多。

一九九五年（乙亥）

金縷曲　用平韻　十二月十三日

乙亥秋盡，予過故里，與舊友重聚，皆已白髮滿頭，垂垂老矣，言及已故諸友，不勝慨然。

分攜蘆花邊。悵重逢、浪卷雲奔，各自華巔。彈指匆匆四十載，李白屈原馬遷，都一例、付與秋煙。悟到古今同一慨，有多少、舊恨何須湔。只朱子、忒可憐。傷心莫付琵琶傳。縱磨損、朱絃銀撥，難訴萬千。最痛海上楊季子，才高難敵命邅。只留得、零落殘篇。眼前秋風又起也，莽神州自有英雄賢。崑崙高，堪補天。

一九九九年（己卯）

霜天曉角

喜慶澳門回歸 三月七日

金甌敲缺。歷盡千千劫。今日重圓明月。喜與淚，何時極。望中神州熱。春潮曉更急。請賞芳林鶯曲，幾聲妙，幾聲切。

霜天曉角

三月十三日

予數經當塗采石磯，尋太白捉月處，覓謝家青山，渺不可得。噫！太白去矣，少陵云杳，東坡、稼軒、放翁、于湖、白石皆不可見，問天上明月，尚留其影否？明月無言，予為之擲筆三歎！

己卯春夜，三時不寐，時距脂硯評《石頭記》已二百四十年矣，夜四時記

青山似碧。銀瀑飛冰屑。獨倚危樓凝望，欄干外，風正急。肝膽皆冰雪。飄零知已絕。醉拍腰間長劍。幾聲幽，幾聲裂。

二〇〇一年（辛巳）

木蘭花慢

四月六日

謝徐邦翁賜詞，即依原調，並次原韻。

念少年歲月，遭倭寇，廢書堂。只西抹東塗，書云子曰，鑿壁偷光。荒唐。心慕李杜，更司遷，留得萬年香。又拜陳、徐、董、巨，墨翰自訴衷腸。　邊荒。仰望奘師，尋前蹤、皆徜徉。萬里盡龍沙，崑崙壁立，古道斜陽。十年七度來往，見漢唐舊業尚相望，千仞振衣欲呼，盡開大漠邊疆。

調木蘭花慢 有序

徐邦達

四月五日

余與馮公其庸均年逾耄耋，而於六法、八法都樂之不疲，馮又善攝影，則余所不能也。近日公又以法書繪畫及攝影圖一百多幅張之中國美術館展覽，余與尹光華兄同往參觀，流覽之後，譜此調一闋贈之，亦以互為自勵自勉耳。

正京華麗日，看群客，攢高堂。仰四壁彌鋪，書姿暢臆，圖寫風光。豪狂。透從紙背，喜名標嗅得墨翰香。豈限陳白楊徐青藤縱逸，別裁自出心腸。　西疆。萬尺高空，能膽壯，竟徜徉。幾外械攝影機也收來，黃沙古道，邊塞殘陽。雙雙並流覽處，見無窮樂土應開倡。偕子揮衣同快，毋思耄耋逾將。

二〇〇二年（壬午）

金縷曲

贈范敬宜學長兄　一月九日

猶記當年否。正西窗、長歌激越、滿眼神州。逐鹿中原天下事，虎躍龍騰獅吼。共奮袂，榆關燕幽。誰識風波剗地起，有多少、故人淪楚囚。天地泣、鬼神愁。　丈夫不解記前尤。莽崑崙、晴空萬里，任吾遨遊。急駕巨龍騰飛上，切莫此時遲留。那顧得、霜髯雪頭。我與軒轅曾一諾，縱粉身碎骨誓相酬。君與我，共驅騶。

浣溪沙

二月十九日

依約江南舊夢痕。南枝花發可憐春。銷魂最是月初沉。記得那年湖畔路，青青草色綠羅裙。如今往事已成塵。

浣溪沙

二月二十日

一別孤山五十年。太湖春訊早梅天。何時重泛五湖船。記得寒花原有約，幾曾瘦影到窗前。拈毫滿紙落雲煙。

好事近

二月二十七日

追憶明鐵蓋達阪喀喇崑崙山紀事

崑極忒嵯峨。舉手可攀明月。萬疊冰峰如劍，鳥飛難逾越。惆悵千載一玄師，錚骨獨奇絕。我到峰巔參拜，仰一懷冰雪。

水龍吟

錢仲聯　五月十七日

敬貽其庸學人　兩正

飛天神女何來，明璫翠羽全身寶。東流不盡，一江春水，較才多少。紅學專門，畫禪南北，慧珠高照。看鵬圖九萬，風斯在下，有斥鷃，供君笑。　昆閬早曾插腳，下天山，氣吞圓嶠。碧霄下顧，苔痕簾室，幾人來到。扼拍儒玄，步君趨尚，聆君清教。望所向，詩城蹴踏，踢千夫倒。

壬午夏錢仲聯時年九十五

賀新涼

錢仲聯　七月十六日收到

馮其庸詩人偕謁吳梅村墓，墓為君新考定核實重建者，頗為壯觀，君親題詩人吳梅村墓新碑於墓前。

詩派尊初祖。數曼殊、南侵年代，梅村獨步。姹紫嫣紅歸把筆，睥睨漁洋旗鼓。彼一逝、早如飛羽。東澗曝書差挹拍，問其他、家數誰龍虎。輸此老，自千古。　　婁東家衖吴東旅，累聲名、淮上雞犬，不隨仙去。遺塚堂堂斜照外，賴有馮唐頻顧。重樹立、豐碑隆處。我客吴趨隨謁拜，仰光芒、石壁山前路。偉業在，偉如許。

壬午夏九十五歲錢仲聯

賀新涼

壬午夏，從夢苕師謁梅村墓於石壁山前，夢苕師作《賀新涼》詞賜寄，因用原韻勉成此闋。

底事沖冠怒。爲紅顔、天驚石破，只君能語。魑魅魍魎同一貉，忍見故宮狐兔。天已墮、臣心如剖。故舊慷慨都赴死，問孱翁、何處逃秦土。天地窄，寸心苦。一枝詩筆千秋賦。捧心肝、哀詞幾闋，盡傾肺腑。我歎此翁天喪爾，幸有文章終古。更認得、松楸故堵。重樹豐碑石壁下，仰詞翁、百歲來瞻顧。魂應在，感知遇。

二〇〇二年七月十六日作，七月二十二日改定於三〇五醫院

二〇〇三年（癸未）

摸魚兒

題《紅樓夢》　八月三日

最傷心，百年家世，驚風急雨歸去。榮華富貴尋常事，誰道轉眸飛

絮。君聽取，老耄矣，冰天雪地還須度。餘生最苦。看播市飄零。淒涼百口，一夜散無據。　平生事，歷歷閨中無數。姻緣木石前許。牡丹雖好終富貴，何況人生殊路。休凝佇。心底血、哀哀夜夜無人訴。歲華欲暮，快把筆挑燈，村言假話，淚寫一生遇。

金縷曲

壽郭漢城老八十五大壽　九月三日

烽火連天赤。最傷心、家亡國破，山河泣血。百萬男兒同仇愾，誓把強虜消滅。算只有、紅旗馬列。最憶當年悲恨切。便從戎、投筆關山越。路漫漫，志如鐵。　丈夫許國心潮熱。到如今、蒼顏白髮，寸心如熾。滿架書詩皆新著，贏得令名全國。仰山斗，宗風戲曲。鶴骨仙風飄然在，宛然是、岱頂蒼松柏。為公壽，壽無極。

二〇〇四年（甲申）

解連環　次寒香韻　胡家禔

此詞為一九四八年冬家禔兄在無錫國專畢業時和予所作，予之原作已不可得，家禔兄之和作，用予原韻，亦足以紀念也。

寬堂　二〇〇六年十一月二十九日

亂峰雲疊，聽瘦川老樹，長宵嗚咽。正布衣狂士逃塵，有禿底芒鞋，鎖梢眉結。百感靡依，空剩得，兩鬢愁折。借問故人，何處休歇。蛾眉玉膚似雪，自溫柔巧笑，回眸媚絕。爭教劫火狼煙，忍餓殍流離，井庭凝血。浮寄黃粱，多應誤，寸心如鐵。漫無由，橫戈躍馬，負良辰月。

二〇〇六年（丙戌）

金縷曲　六月九日

題上海孫遜兄藏顧貞觀書《金縷曲》扇面，並有納蘭容若書字。

一曲金縷賦。遍天涯、青衫淚濕，幾人能數。富貴玉堂真情在，讀罷新詞淚雨。洗沉怨，更誰為主。北極關山寒徹骨，顙頷損，南國真才虎。詞筆竭，詩情枯。　江南才子粱汾甫。為吳郎，千金屈膝，感深今古。舉世才人皆痛哭，高義雲天心剖。終換得、餘生重譜。我住粱谿青山畔，數經過、忍草貫華廡。拜往哲，仰高羽。

八聲甘州

贈丁和　六月十九日

對茫茫瀚海問蒼天，浩劫幾千秋。看營盤殘骼，樓蘭廢壍，羅布龜丘。處處繁華猝歇，百代風流休。惟有白龍堆，依舊西遊。　我到流沙絕域，覓奘師聖跡，江河恒流。縱千難萬險，九死不回頭。幸良朋，危途峰險，歷巉岩，猶似御輕騶。終盡把、山川靈秀，珊瑚網收。

浣溪沙

題張伯駒先生　十二月三十一日

一

絕世天真絕世癡。虎頭相對亦參差。人間真箇有奇兒。　拱璧連城奉祖國，彌天罪禍判當時。此冤只有落花知。

二

才氣無雙折挫多。平生起落動山河。至今仍教淚滂沱。　國士高風傾萬世，魍魎魅魑一塵過。春遊詞筆鬱嵯峨。

三

讀罷春遊淚滿巾。分明頑石是前身。黃金散盡只餘貧。　眼裏茫茫皆白地，心頭鬱鬱唯情醇。天荒地老一真人。

二〇〇八年（戊子）

浣溪沙

再題張伯駒詞老　一月七日

恨海情天不筏津。何人識得彼鄉情。中州歸去問張生。　投止望門思張儉，窮途裘敝有虞卿。先生原是此中人。

前 調

題設色葡萄 一月二十四日

萬里龍沙一夢痕。胭脂紅透玉生溫。明珠顆顆圓又純。 筆底掃來豈有價，縹緗裝就更無倫。長公題罷道逾尊。

前 調

詠 梅

一別孤山五十年。水邊林下意綿綿。舊時月色可人憐。 夢裏橫斜驚瘦影，燈前相看更妍然。分明春已到眉尖。

八聲甘州

為李巍藏漢藏金銅佛像珍品集題

望巍巍雪域麗西天，卓立幾千秋。仰布宮莊肅，崢嶸殿閣，玉宇瓊流。更寶相萬千態，佛法詎邊疇。參妙諦無上，萬世同修。聞說三千佛劫，看十年小劫，桑海西州。歎沉淪寶相，鉛淚銅仙流。法輪轉、天龍護法，盡神功、大施金剛鉤。覓聖像，虔誠呵護，聚萬佛樓。

二〇〇七年十二月廿日夜無電不寐暗中口吟

二〇〇九年三月五日晨六時重定

二〇〇九年（己丑）

浪淘沙

題《重校〈十三樓吹笛譜〉》 一月二十五日

吹笛十三樓。無限春愁。楊花亂落白蘋洲。世事從來都是夢，夢也悲秋。 往事恨悠悠。波譎雲稠。潑天狂雨已歸休。春滿人間花滿樹，樂遍神州。

賀新郎

己丑牡丹盛時作。予園中牡丹皆從洛陽移來，至今十年，已滿園春色矣，因為賦此解。

風雨神州路。想當初，移根換葉，飄來仙土。多謝春陰勤護惜，十載亭亭飄翥。看金盞、玉盤凝霧。暖日春風吹鬢影，更紫霞、獨寫凌雲賦。千萬態，且留住。沉香亭畔繁華事，有詩仙、為寫新詞，玉山相遇。細雨流光胭脂濕，只有玉溪能語。更何況，瑤臺煙雨。我欲長存解語子，遍天涯盡種相思樹。揮紫翰，譜金縷。

二〇一〇年（庚寅）

金縷曲

重校《水雲樓詞》題鹿潭翁　　二月十八日

渺渺水雲處。遍蘆花、秋風瑟瑟，蛩吟悽楚。落拓青衫誰憐惜，詞筆、簫聲、咽苦。只落得、琵琶低訴。滿江烽火何處去。數天涯、吳門故交、尚憐范否。豈料人情薄於紙，贏得望門閉戶。路已盡、歸舟容與。一夜吳江楓驟冷，垂虹橋、彷佛湘江浦。尋詞祖，欲同語。

庚寅初五寬堂八十又八

瓜飯樓聯語

瓜飯老人馮其庸未是草

一九八〇年（庚申）

題王瑗仲師

文章太史氏
書法陸平原

一九八九年（己巳）

己巳十月廿六日淩晨抆淚輓王瑗仲恩師

師逝於廿五日早七時四十五分

五十年相隨左右，是師、是父、是長兄

十八日忽然永別，如夢、如幻、如驚雷

一九九三年（癸酉）

自題瓜飯樓

門臨滄海波瀾闊

人傍金台夕照多

為梓橦瓦口關作長聯並書 三月

蜀道三千，守此一關，自古千軍難飛渡
錦城百二，天富萬頃，從今萬民暢往來

題乍浦港海紅亭 六月二十五日

夢從此處飛去，渡碧海青天，散落大千世界
石自那邊袖來，幻癡兒騃女，情真萬劫不磨

同周懷民先生輓唐雲 十月十二日

一世交深，情同手足，何期小别成長别，那堪淚灑南天雨
十年相契，詩畫論心，更兼品泉復品茗，從此湖海失知音

題溫州瑞安市高則誠紀念館（南戲祖庭）

琵琶寫怨，未到曲終腸已斷
彩筆傳神，纔臨夜半燭交輝

一九九四年（甲戌）

題馬來西亞周氏宗祠　　十月十五日

鳳鳴岐山，輔周輔漢功高天下
龍出洛水，繼孔繼孟道濟蒼生

一九九九年（己卯）

為春風草堂作　二月二十三日

夜雨烹茶研古墨
春風試硯題新詩

二〇〇三年（癸未）

枕上輓夢茗師　十二月四日

噩耗飛來，正病榻支離幻幻夢，夢也難收痛淚
流光倒去，算師恩半世般般真，真兮萬劫不磨

輓蔣風白老畫家

藝蘭百畝，幽香滿地傳萬世
修竹千竿，勁節淩雲到碧宵

二〇〇五年（乙酉）

題周宏興藏大理石畫　七月十六日

無限江山，儘是天然圖畫
千花百草，都由自己生成

輓汪慶正院長　七月二十四日

小別纔三月，遽而作古，天喪斯文，絕學誰繼

交親已半生，從此長辭，地獻重寶，我將孰詢

二〇〇七年（丁亥）

題西安大慈恩寺大雄寶殿

萬里流沙，百重寒暑，求真教於鹿苑

千行貝葉，五夜燈明，播妙道遍雞林

二〇〇八年（戊子）

輓楊仁愷老　二月一日

沐雨櫛風，數十年鑒寶護寶奉祖國

焚膏繼晷，千萬字著書立言遺人民

題園中連理纏枝古梅，梅榦生雙靈芝　八月二十二日

樹出靈芝天賜福
梅成連理人喜慶

二〇〇九年（己丑）

題蘇州虎丘山

臥虎寶地，王氣直射天闕
藏龍神泉，劍芒森穿地宮

二〇一〇年（庚寅）

為洛陽白馬寺集《聖教序》句

耆闍崛山，接嵩華翠嶺

阿耨達水，通神甸八川

瓜飯樓韻語

瓜飯老人馮其庸未是草

一九九五年（乙亥）

習氣功有悟

三月二十二日

和融圓覺，一片光明。月在中天，雲出無心。

一九九六年（丙子）

硯銘　八月二十四日

予與邵春風同遊婺源，探唐宋舊硯坑，於硯工家獲唐坑巨形歙石，即以製硯，並為硯銘。

黝而黑，皴而韻。萬點金星。幾彎眉痕。一片暈。君得我而獲知音，我得君而叩君長鳴。悠悠天地，離合前因。

二〇〇六年（丙戌）

養心偈語

九月三日

天心月圓，人間花滿。清風徐來，流水潺湲。春日載陽，夏日蓮盤。稻香瓜黃，飛雪歲寒。四時無盡，佛道崇玄。萬世不息，衆心歸善。

後記

這部詩詞草採取編年的方式，各詩都以年月為序，詩下都署有寫作的日期，因為這些詩都是從我的日記中摘錄下來的，我也有少數詩詞是寫在寄來的信封背面的，因為桌上有這些信，我就順手拿來作便條用，但這樣雖圖一時之便卻往往容易丟失，而且已經丟失了一些，所以後來我就都記在日記上了。

這部詩詞草裏還附有少量與友人唱和的詩詞，凡是師友的作品，因與我的詩有關，都依例附在我的詩後面，並低二格。低二格是表示是師友之作，我不敢掠美。

我的最早的幾首詞，是從報上剪下來的，想不到竟能保存下來，還有一些未經發表的，都已經丢失了。

這部詩詞草，幾經抄錄修改，直到這最後一次的改定稿，都是由海英打出來的。可惜我的幾位詩友，如楊廷福、江辛眉早已不在了，影響我寫詩的多位老師（從中學到無錫國專）更是早已不在了，我再也無法向他們請教了，所幸還有同鄉師輩虞逸夫詩老在，我還能有所請益，潘慎學兄為我校閲一遍，減去不少錯誤，使我稍覺安心。所以這部集子的出版，我的心頭卻湧出了一股揮之不去的懷舊之情。

馮其庸

二〇〇九年六月七日于瓜飯樓